COMO VIVER SEM COITADISSE

Copyright© 2022 by Literare Books International
Todos os direitos desta edição são reservados à Literare Books International.

Presidente:
Mauricio Sita

Vice-presidente:
Alessandra Ksenhuck

Diretora executiva:
Julyana Rosa

Diretora de projetos:
Gleide Santos

Relacionamento com o cliente:
Claudia Pires

Assistente de projetos:
Daiane Almeida

Capa, diagramação e projeto gráfico:
Gabriel Uchima

Revisão:
Evelise Paulis

Impressão:
Gráfica Paym

Dados Internacionais de Catalogação na Publicação (CIP)
(eDOC BRASIL, Belo Horizonte/MG)

H816c	Hornick, Carmen. Como viver sem coitadisse / Carmen Hornick. – São Paulo, SP: Literare Books International, 2022. 14 x 21 cm

ISBN 978-65-5922-340-4

1. Literatura de não-ficção. 2. Autoconhecimento. 3.Comunicação. 4. Técnicas de autoajuda. I. Título.

CDD 158.1

Elaborado por Maurício Amormino Júnior – CRB6/2422

Literare Books International.
Rua Antônio Augusto Covello, 472 – Vila Mariana – São Paulo, SP.
CEP 01550-060
Fone: +55 (0**11) 2659-0968
site: www.literarebooks.com.br
e-mail: literare@literarebooks.com.br

PALAVRAS-CHAVE

co·i·ta·do *adj. Sm.* Que ou aquele que é digno de pena; desgraçado, infeliz, mísero. *Interj.* Exclamação que exprime dó, pena, compaixão. https://michaelis.uol.com.br/moderno-portugues/busca/portugues-brasileiro/coitado

coi.tar do latim *coctare*, que significa desgraçar ou atormentar. Assim, um coitado é alguém que sofreu coita, ou seja, uma desgraça, dor, pena ou aflição. https://www.significados.com.br/coitado

Coi.ta.dis.se *adj.fm. informal.* Utilizado para designar aquele que se sente coitado, que tem pena de si mesmo e que se sente como vítima dos acontecimentos de sua vida.

Comunica.Sendo *v.* Criado por esta autora para contemplar o ato de ser no mundo por meio da comunicação.

"O que você faz na vida ecoa na eternidade."

Maximus Meridius

SUMÁRIO

CAPÍTULO 1
EU SOU ÚNICO 7

CAPÍTULO 2
EU COMUNICOSENDO: MINHA LINGUAGEM DEFINE MEU MUNDO 23

CAPÍTULO 3
EU CRIO A MINHA REALIDADE 39

CAPÍTULO 4
EU PENSO, FALO E SINTO, LOGO EXISTO! 57

CAPÍTULO 5
EU CONHEÇO AS MINHAS DORES 81

CAPÍTULO 6
EU SEI A SOLUÇÃO 99

CAPÍTULO 7
EU TENHO POSTURAS CONSTRUTIVAS 115

CONCLUSÃO
EU COM MAIS CONSCIÊNCIA 139

CAPÍTULO 1
EU SOU ÚNICO

1. INTRODUÇÃO

Nascemos para viver uma história única. Crescemos nos preparando física, emocional e intelectualmente para sermos felizes. Às vezes, nos confundimos ao estabelecer, neste mundo tão cheio de mudanças, o conceito de felicidade, e só quando nos damos conta de que ele é uma construção exclusiva e particular de cada um, é que podemos dar um passo em direção ao bem-estar que almejamos.

Embora sejamos avisados, desde muito cedo, que viver não é uma tarefa fácil, insistimos em não acreditar muito e quando as dificuldades aparecem, acabamos nos sentindo aborrecidos por alguns acontecimentos ou por pessoas. Existe, ao que parece, por razões da própria evolução humana que envolvem a necessidade de se defender e de garantir a existência, a tendência de, em situações desagradáveis, transferir responsabilidades e culpas para coisas e pessoas.

O fato é que essa atitude não proporciona a sensação de bem-estar que almejamos. Até traz certo alívio momentâneo, mas, a longo prazo, apenas aumenta a coleção de amarguras e, dessa maneira, afasta a tão desejada felicidade. Hoje, especialmente, por força das redes sociais, é bastante comum traçar paralelos, comparar mesmo os acontecimentos das nossas vidas e daqueles que nos rodeiam. E você já deve ter percebido o que isso causa em você. Com efeito, crescem assustadoramente as doenças emocionais e o sofrimento.

As comparações envolvem todas as áreas da vida, padrão de beleza, saúde, amor, sucesso, carreira, dinheiro, conquistas, família, filhos e até os animaizinhos de estimação entram na lista. O ser humano é um *ens sociale*, ele precisa do outro, da convivência, do estar junto. Portanto, participar de redes sociais é inerente ao ser humano, sejam elas presenciais ou *on-line*, e está tudo certo.

A questão capaz de afetar o desempenho pessoal e profissional está conectada às escolhas pelo conteúdo a ser consumido e também pela forma de enxergar, interpretar e de sentir emoções pelo que se vivencia nas redes. Ser consciente dos seus diálogos internos, das conexões neurais que se realizam ao saber de um acontecimento na vida do outro, é o que faz toda a diferença sobre o que vou sentir no momento posterior.

São essas conexões entre as memórias, sejam elas boas ou más, a história que se conta sobre si, os desejos e os sonhos, que desencadeiam as conversas intrapessoais, ou seja, de você para você mesmo.

O estímulo causado por um comentário, uma foto, ou um gesto, pode promover uma onda de responsabilização a tudo e a todos, menos a você mesmo. Naturalmente, os eventos que gostaria que fossem parte da sua vida e que não aconteceram ou, ao inverso, os que não queria e que aconteceram, passam a ser a razão da insatisfação.

Quando esse sentimento irrompe, as emoções tomam conta e as reações passam a ser automáticas. Assim, normalmente, segue-se a vida praguejando as situações, as coisas e a si mesmo. No entanto, ao optar por permanecer nesse padrão de pensamento, sem assumir para si a incumbência da mudança que deseja, perde-se a grande oportunidade de escalar a montanha do autoconhecimento, pois toda frustração carrega em seu bojo a oportunidade.

Todavia é possível a participação consciente nas redes sociais e na vida, uma vez que se tenha a noção clara e responsável dos significados internos sobre o que está disponível para ser observado. Basta que preste atenção no que diz internamente e que olhe como isso se processa fisicamente em você quando se depara com determinados conteúdos.

Enfim, entenda o que desestabiliza você. Para isso, trace o caminho que percorre, desde o primeiro pensamento realizado em seu diálogo particular. Depois, sinta como está seu corpo, pois há uma resposta física em processamento. Em seguida, observe como você o materializa por meio da linguagem, que pode ser por meio de gestos, expressões ou palavras, pois é assim que você vem a ser, torna-se, é. O método, aqui entendido como a maneira passo a passo de comunicar e ser, pelo qual você se define, inicia-se nos seus diálogos internos.

2. O CICLO DA COITADISSE

A princípio, e para ficar claro, a coitadisse é aquele sentimento de dó, de pena que você sente ao presenciar, ler, ver cenas que gostaria que fossem suas. Dá até vontade de cantar aquela música do Leoni e da Paula Toller "por que não eu, ah ha, por que não eeeeuuu". Aí você começa a lembrar da sua história e diz que é uma pena que você não tenha nascido assim ou assado, neste país ou naquele estado, com pais com diferentes posturas etc... Portanto, o passo um é acordar para as suas coitadisses diante dos acontecimentos, em detrimento da plenitude que você deseja e merece.

Quando se fala em conversas secretas, perceba que tudo se inicia com aquele papo que você tem consigo mesmo sobre quem você é, como você está, do que se sente capaz e do que tem medo. A sua linguagem interna, o foco dos seus pensamentos, cria a realidade que você vive nos mistérios dos seus semblantes, aqueles que só você sabe.

Pierre Weil (2017), um autor que amo e respeito pela leveza com que trata os temas árduos da vida, conta que plenitude, felicidade ou bem-estar é um estado da alma no qual nos sentimos completamente realizados, inteiros e plenos. É a sensação que temos quando conseguimos exercer todo o nosso potencial. Enfim, para explicar em poucas palavras, é o oposto da coitadisse.

Entretanto ele observa que o ser humano é dotado da capacidade de escolher entre viver de modo pleno e consciente ou viver no automático e ser escravo de suas emoções destrutivas, dos seus instintos e de seus pensamentos de derrotas. Enfim, há a opção por viver na coitadisse ou na plenitude e, dessa escolha, depende a sua inteireza, a sua força de estar presente e de assumir o controle de sua jornada.

Sentir-se completamente realizado, a meu ver, está ligado ao que a sua alma anseia. Isso relaciona-se a projetos, viagens, comidas, bebidas, carros, propriedades, empresas, negócios, fazendas, pessoas, prosperidade, riqueza, conhecimento, sabedoria, relacionamentos e espiritualidade.

Viver sem controle sobre o que lhe acontece e sobre as reações que certos eventos provocam conecta-se ao que faz você permanecer na plateia da sua vida, em vez de ser a estrela.

Há, na vida de qualquer pessoa, acontecimentos considerados tão amargos que são capazes de nos paralisar, de cessar os movimentos na busca por uma sensação mais prazerosa. Entre eles figuram a morte de pessoas queridas, as doenças, a falência financeira, as traições dos parceiros amorosos, as armadilhas daqueles que consideramos amigos, as maledicências, enfim, as decepções de toda ordem.

De repente, nos vemos impotentes para lidar com tanta dor e parece que nos resta apenas reclamar, procurar os culpados e julgá-los, ficar com raiva, entristecer e até deprimir-se. E assim, de forma romântica e justificada, caímos no ciclo da coitadisse: eu queria ser feliz, mas a vida não permite.

Se você já passou por isso, parabéns! Informo-lhe que você é um ser humano, assim como eu e tantos outros que você conhece, vivendo experiências que podem transformá-lo em alguém lapidado, maduro e pleno.

Entenda, por favor, que ficar triste diante de fatos que não se pode mudar, como a morte, por exemplo, é humano e natural. Todavia pautar a vida dali por diante em reclamações, desculpas e justificativas para não ter o bem-estar desejado é viver inteiramente na coitadisse.

E estou aqui para dizer para você que há maneiras mais construtivas de viver experiências consideradas amargas. Eu mesma já ouvi de pessoas queridas e amigas, quando faziam avaliações sobre os acontecimentos difíceis na minha vida, como o nascimento de um filho com problemas físicos, frases consternadas e cheias de amor afirmando que isso era uma pena. Ao assim considerar, pontuo que elas enxergavam apenas uma única forma de sentir o fato.

Considero-as cheias de amor, pois dizendo isso elas queriam apenas demonstrar como achavam injusto, estavam indignadas e pensavam que nem eu nem ele merecíamos, mas acreditem: é tudo uma questão de como se olha para a situação. Apesar das preocupações iniciais, com o tempo, descobri o grande presente que esta criança trouxe para mim, para a minha família e para todos que têm o prazer de conviver com ela tal como ela veio a este mundo.

Nós somos assim, precisamos de motivos palpáveis e concretos para explicar, dar significado e eleger os responsáveis pelos acontecimentos. E, quando as razões para explicar as tragédias da vida não são plausíveis, o invisível, o mal, o desconhecido são trazidos, por nós mesmos e pelos outros. É como se isso justificasse e sustentasse uma razão para crer que não é possível viver em plenitude. Você já sabe disso, não é?

É claro que não é possível controlar com as nossas mãos os eventos para que sejamos eternamente felizes, não temos todo esse poder, porém há como enxergar e tomar consciência da nossa parte de responsabilidade para sair do ciclo da coitadisse e aproveitar as experiências, mesmo que consideradas negativas, para crescer e se expandir. É preciso entender que você é capaz de promover grandes feitos na sua vida, sejam eles materiais, mentais ou espirituais.

Minha reflexão sobre isso começou quando, depois de passar por um período sombrio na vida profissional, envolvendo intrigas, discussões e fofocas, dei-me conta das minhas coitadisses, pois, acredite, eu nem sabia que tinha tanta pena de mim. Fiquei tão chocada ao percebê-la que, a partir dessa sacada, comprometi-me com o Universo em contar essas "obviedades" para outras pessoas.

Isso em razão de entender que, muitas vezes, repetimos a história de Adão com a maçã quando discutiam a responsabilidade sobre o pecado original. Adão disse que a culpa era de Eva, e ela disse que era da serpente. E assim vai-se repetindo e jogando para frente o que precisa ser abraçado e acolhido como aprendizado.

Resolvi escrever justamente sobre isso, porque, no meio do emaranhado em que eu estava, sequer conseguia perceber o quanto eu responsabilizava o destino, a minha origem, a sociedade e até o panorama econômico etc., para justificar a razão pela qual os outros, na minha percepção, eram bem mais felizes que eu. Mas, como quem procura acha, eu encontrei as respostas por meio de algumas pistas que compartilho aqui com vocês.

Parece que a terceirização de responsabilidade existe desde que o homem apareceu na face da Terra, a culpa é geralmente do outro, não é mesmo? Entretanto o fato é que conseguimos perceber esse pequeno problema até em Adão e Eva, porém não o enxergamos nas nossas próprias ações.

Isso mesmo, o parâmetro pelo qual analisamos e interpretamos os acontecimentos sempre parte das nossas interpretações e vivências, quer dizer, a régua utilizada para medir e avaliar os eventos que acontecem ao meu redor é a minha. É a partir dos nossos próprios parâmetros que elucubramos sobre o certo e o errado, julgamos e decidimos.

E essa medida vem de tudo aquilo que nos construiu até hoje. Nossos conceitos e crenças advêm da família de nascimento ou de criação, das referências de aprendizado sobre o que é correto ou incorreto presentes no meio em que se vive, dos valores presentes no grupo familiar, dos conceitos inerentes à comunidade, da educação recebida na escola e da religião praticada.

Esses retalhos nos formam, como peças em um mosaico. Dessa forma, o que penso sobre mim, como avalio as minhas potencialidades, as ideias prontas que tenho sobre os meus limites e como estabeleço as metas e os objetivos da minha vida são o resultado das experiências vividas. Tais temas passeiam diariamente nas nossas cabeças, como nuvens no céu, e o fazem por meio de uma linguagem carregada de sentidos particulares, os quais somente você é capaz de entender.

Essa complexidade, pensar, sentir e dizer, automaticamente, determina a lente que utilizo para observar, interpretar e reagir aos acontecimentos no mundo. É nesse sistema intrincado que acontece o ciclo da coitadisse.

Por essa razão, é essencial que você consiga desvendar o seu diálogo interno, o que você diz para você desde o amanhecer até o entardecer, para que, a partir dessa consciência, você consiga andar por outros caminhos, muito mais leves e prazerosos.

Afinal, a vida é linda e cheia de sol. Quais óculos você tem usado?

CAPÍTULO 1

Viver sem coitadisse é

...saber que a sua história é exclusiva, só você a vive.

...estabelecer o seu próprio conceito de felicidade.

...entender que transferir responsabilidades e culpas,
a longo prazo, aumenta a coleção de amarguras.

...parar de comparar-se com os outros e
aceitar a sua essência divina.

...compreender que somos seres sociais e
que precisamos uns dos outros.

...assumir que só você pode escalar
a montanha do autoconhecimento.

...perceber o que desestabiliza você e rever seus métodos.

...prestar atenção nas suas falas secretas e
acordar para as suas coitadisses.

...viver experiências amargas de maneira construtiva.

...escolher viver de modo pleno.

CAPÍTULO 2
EU COMUNICOSENDO: MINHA LINGUAGEM DEFINE MEU MUNDO

1. AS INFLUÊNCIAS

Sim, nós somos influenciados ao longo da vida pelas pessoas com as quais convivemos. Por essa razão, reclamar disso ou daquilo e distribuir responsabilidades aos outros torna-se bastante normal quando, desde a infância, convive-se com esse comportamento.

No momento em que percebi isso em mim, tudo começou a fazer sentido. Os sonhos que deixei para trás, as conquistas que não realizei, os lugares que não visitei, as perguntas que não fiz, as pessoas que não conheci, enfim, uma gama de ações que não pratiquei todas fundamentadas em razões e justificativas que me faziam ficar estagnada, sem coragem e colecionando frustrações por causa da minha coitadisse.

Em termos de contexto, notei que no Brasil costuma-se reclamar de quase tudo. Estamos sempre a nos comparar com os outros países e a comentar o quanto somos atrasados por culpa dos governantes que temos. Ouso dizer que tenho uma leve certeza de que você, ao menos uma vez na vida, já fez isso, não é mesmo? De certa forma, parece que a coitadisse é uma característica nossa como povo terceiro-mundista. Como sofremos!

O que eu quero dizer é que o nosso discurso de queixas e de imputação da responsabilidade pelo que não gostamos, seja às circunstâncias, ao clima, à família de origem, aos pais, aos políticos, ao presidente, ao governador, ao marido, à esposa, aos filhos, aos irmãos, à educação, à moeda, à saúde, ao sistema: é natural, é normal! Todo mundo faz! E eu também! Veja que, se você não murmurar sobre alguma dessas coisas, o seu pertencimento aos grupos sociais está em risco. Quer dizer, ou reclama junto ou não faz parte do time.

2. COMUNICAR E SER

Um dos exemplos de que mais gosto para começar a falar sobre comunicação é, sem dúvida, a Bíblia. No livro de Gênesis, quando se narra a criação do mundo, Deus utilizou a palavra, o verbo, para que tudo fosse produzido. No livro de João, o profeta afirma que "No princípio era o Verbo, e o Verbo estava com Deus, e o verbo era Deus". Em vários outros momentos, a Bíblia explicita a importância da palavra, da comunicação, para que tudo seja feito.

A origem da palavra "comunicação", do latim *communicare*, carrega em seu bojo a ideia de convivência, relação de grupo e de sociedade com o objetivo constante de entendimento, de pertencimento.

Só para ilustrar a importância da comunicação em relação ao grupo de pertencimento, lembro-me de uma propaganda de um carro, na qual dois jovens surfistas conversavam dentro do tal veículo enquanto passavam para buscar um amigo. Entretanto, claro que por razões comerciais para firmar o estilo de vida ao modelo de carro, o diálogo entre eles era unicamente a expressão da moda à época: "Só!". Um bem longo e sonoro tipo "sóóóó!". Um dizia, o outro respondia e o outro replicava essa expressão única. Esse era todo o diálogo daqueles caras. Quando param o carro e entra o terceiro rapaz, este diz bom-dia e comenta sobre a beleza do local.

Indignados, os colegas se entreolham, param o carro e dizem com convicção: "Aí, ó o cara! Mal entrou e já quer mudar de assunto! Não vamos dar carona pra ele". A propaganda era muito engraçada e ao mesmo tempo trazia, por meio das interações entre os personagens, o assunto permitido ali, quem quisesse falar sobre outro tema deveria buscar outra turma.

Assim, temos que as palavras, a comunicação, produzem efeitos no mundo e também nos classificam quanto ao grupo ao qual pertencemos. Porém é importante saber que o processo se inicia no pensamento, no abstrato. A materialidade da língua, ou seja, o que é dito, escrito, desenhado, expressado ou gesticulado, enfim, o que trago para a realidade por meio da linguagem, é ato secundário.

Então, pare e observe a relação entre a interpretação dos eventos da vida e a comunicação. Primeiro, saiba que tudo em você comunica: a maneira como expressa a visão de mundo, seja ela falada, escrita, gestual e até a forma de se vestir, é uma prática, ao menos até agora, inconsciente, mas que traz uma mensagem sobre você.

Dessa forma, muito mais que juntar palavras e olhares e sair distribuindo sobre os fatos da vida aleatoriamente, há, antes de qualquer outro ato, um diálogo interno. Sobre todos os eventos da vida, existe uma correlação com tudo que lhe construiu até hoje, e uma reação já aprendida, desde a mais tenra infância, a ser apresentada. Isso é automático.

Ser consciente sobre a sua participação no mundo refere-se a entender a gênese, o início daquele pensamento. Isso envolve reflexão e questionamento sobre porque a resposta que me vem aos eventos é assim e não de outro jeito. Sim, pois para cada decisão que precisamos tomar, há mil possibilidades, entretanto, conseguimos enxergar apenas uma ou, no máximo, duas, que são as aprendidas na educação e nas experiências vividas.

Logo, para perceber qual o nível de coitadisse ativo, inicialmente, é necessário que você veja o que anda dizendo quando se olha no espelho. No seu diálogo interno sobre a sua imagem refletida, será que você se trata com respeito?

Há uma técnica bastante produtiva que pode ser aplicada. Escute as suas conversas com as outras pessoas, como se você fosse um terceiro vendo e ouvindo você. Observe, ainda, os *posts* que faz, curte ou compartilha nas redes sociais e as suas manifestações sobre os assuntos mais populares. Quando você se coloca como espectador do seu próprio *show*, analisa as suas falas, observa o seu modo de agir e de pensar, passa a ser capaz de perceber o que e como você está sendo no mundo.

Caso capte que as reclamações e críticas afiadas são mais constantes, não se assuste. Os seres humanos têm essa tendência de reclamar mais que elogiar, e isso é automático. Você já deve ter ouvido falar que as pesquisas de marketing apontam que quando não gostamos de um produto, de uma pessoa ou local, falamos isso para 10 pessoas. Já, quando gostamos, falamos para apenas uma pessoa.

Entretanto, quando a percepção sobre os diálogos denotar um envolvimento mais em circunstâncias negativas e desconfortáveis, pode significar uma identificação com elas, o que quer dizer que o nível de coitadisse está mais alto e que você deve estar apoiado em certezas do senso comum, tais como "os homens/mulheres são todos iguais", "a vida é assim mesmo", "os políticos são todos corruptos", "eu não posso fazer nada", "isso só acontece comigo" e outros tantos que você deve ter se lembrado agora.

Então, proponho que você caminhe para conquistar a sua inteireza e, assim, curtir cada segundo dessa breve jornada chamada vida. Ao abrir este livro, você já assumiu a vontade de olhar a sua existência como um presente e de vivê-la intensamente, aproveitar cada raio de sol, cada cheiro de pão quentinho, cada vento refrescante, cada sabor da sua comida favorita, cada abraço quente e acolhedor, cada sorriso largo, cada nota musical harmônica e, é claro, de conhecer e de assumir a sua potência como ser humano.

Note que lá, nos seus pensamentos, aqueles que só você pode saber, é que se origina o seu discurso. Assim, a aplicação da segunda parte da máxima bíblica "orai e vigiai" sobre eles é uma das chaves para acionar atitudes diferentes, capazes de produzir outros resultados na vida, sejam eles de qualquer ordem, financeira, profissional, amorosa etc.

O fenômeno da coitadisse se revela quando percebemos que as coisas não andam do jeito que gostaríamos. Por essa razão, o desafio proposto é o de trazer para o consciente esse dó interno e, a partir desse momento, fazer escolhas melhores que a reclamação ou o conformismo que são carregados no bolso prontinhos para serem retirados a qualquer hora e para justificar as situações que você vive e de que, definitivamente, não gosta, mas se sente impotente frente a sua suposta magnitude.

Repare que os problemas lhe pertencem, afetam a sua vida, desequilibram a sua performance como indivíduo, então, tome-os para você. Se assim você o fizer, ele terá o tamanho que você permitir. Pode tomar conta de tudo e imobilizar você, mas também pode virar um grão de areia diante da grandiosidade da vida. A decisão é sua.

Agora chegou a sua vez de agir em prol da conquista da sua inteireza. Por isso, identificar a sua coitadisse e percebê-la claramente é fundamental. Afinal, não posso lutar contra o que nem sei o que é, seria como distribuir murros ao vento e isso é pura perda de energia e de tempo.

A instrução 1 é preciosa para revelar aspectos que você nem sabe que tem. Dá um certo trabalho, mas o resultado é surpreendente. Foi por meio dela que, finalmente, entendi o quanto me sentia coitada e, por isso, incapaz de fazer as coisas que eu realmente queria e podia. Portanto, sugiro que você siga as instruções do formulário, crie um caderno de descobertas e anote as respostas.

Instrução 1

Cuide das suas interações sociais, durante um único dia que seja, observe quantas vezes você se disponibiliza a falar bem e o quanto do tempo da sua conversa é para reclamar e atribuir responsabilidade pelas coisas chatas que acontecem.

Há também a possibilidade de apenas trazer à sua memória alguns acontecimentos pontuais dos quais você se lembra até hoje, porque foram significativos para você. Comece dentro da sua casa, com seus pais, seus filhos, marido, esposa, companheiro, companheira e outras pessoas com as quais você tenha um convívio mais próximo ou intenso.

Utilize o formulário a seguir como roteiro e anote no seu caderninho de descobertas, de forma simples e objetiva, diante das suas interações diárias, algumas informações sobre você, sua linguagem e seus sentimentos.

Para que você alcance um bom resultado, faça assim: primeiro, escolha as pessoas. Lembre-se de um fato importante para você sobre o qual você conversou ou discutiu com alguém da sua família. Depois, anote a sua resposta sobre o evento, o que você disse, como comentou, que palavras usou e, por fim, descreva o que você sentiu. Siga esse padrão e realize, sucessivamente, com as outras pessoas com quem você se relaciona. Vou relatar um caso como exemplo:

No dia de meu aniversário, meu marido não me deu nenhum presente e eu estava sonhando com isso. Quando ele pediu desculpas por não ter tido tempo para comprar, eu disse que compreendia e que estava tudo bem. O meu sentimento foi de tristeza, pois entendi, na minha conversa interna, que não tenho muito valor para ele.

Neste exemplo, ressai, pela minha resposta à atitude dele, que estou bem e que entendo os seus motivos. Entretanto o meu diálogo interno é de que não tenho valor e de que não mereço esse cuidado especial diante de tantos compromissos sérios que ele tem. Nesse caso, a minha coitadisse é de achar que não sou importante.

No quadro, essa situação ficaria assim:

O outro	O evento	Sua resposta	Seu sentimento
Meu cônjuge.	Meu aniversário sem presente.	Tudo bem, eu entendo e desculpo.	Ele não me dá valor, eu não sou importante para ele.

Lembre-se que nesse ponto estamos apenas identificando quais são as coitadisses, trata-se da fase mais importante, aquela que você percebe o quanto tem pena de si mesmo.

Agora, olhe para alguns fatos emblemáticos da sua vida e comece!

O outro	O evento	Sua resposta	Seu sentimento
Sua família.			
Seu cônjuge.			
Seu chefe.			
Seus colegas de trabalho.			

Feito? Ótimo! Observe, nas suas anotações, como você interage com as outras pessoas, marque as palavras e as expressões que utiliza. Veja quais são as suas palavras sagradas para expressar o seu desconforto, aquelas que são a sua cara. Vá, assim, construindo a sua listinha de coitadisses, anote, grave no seu celular ou conte para alguém que confiar, todos os momentos em que você tenha se flagrado cometendo uma coitadisse, ou seja, reclamando de algo ou alguém ou se sentindo "conformado" por não alcançar o que deseja e pensando o quanto isso afeta o seu bem-estar e a sua maneira de viver.

Desafio que estenda a observação para uma semana, dessa maneira você já terá uma boa coletânea capaz de levá-lo a perceber quais são as suas principais palavras, frases e atitudes que o colocam na zona do "eu não posso fazer nada" e que limitam o seu potencial.

A verdadeira intenção é que você faça isso de pouco em pouco e que isso constitua um hábito de estar consciente na maioria dos diálogos que entabular com quem quer que seja.

Ainda, nos capítulos que seguem, haverá exemplos de uma série de coitadisses que oferecemos a nós mesmos como justificativa para sermos quem somos, estar onde estamos e fazer o que fazemos.

A intenção é que você consiga romper com o que lhe acorrenta a uma pessoa que você não é, a um lugar de que não gosta, a uma relação insatisfatória, a um emprego que não suporta e a uma vida que não é plena. Quero dizer, àquilo que faz de você apenas um pedacinho do que pode ser.

Ao se dar conta disso, você será capaz de iniciar uma nova fase e viver com mais alegria, prazer, paz e harmonia com esse Universo completo e abundante que lhe foi presenteado pelo Criador, independentemente do nome que você o chame. Torne-se consciente, comece a assumir o comando e aproveite melhor essa breve jornada chamada vida!

Viver sem coitadisse é

...enfrentar as dificuldades sem reclamar e murmurar.

...parar de colecionar frustrações.

...saber o poder das palavras.

...ter consciência da sua participação no mundo.

...não repetir como verdades frases de senso com um tipo "eles são todos iguais".

...comemorar a sua existência como um presente.

...aproveitar cada raio de sol.

...ter diálogos internos altruístas e respeitosos sobre si mesmo e sobre os outros.

...deixar de ser conformista e tomar os problemas como desafios.

...ver as adversidades como um grão de areia diante da imensidão da vida.

...conhecer todas as suas coitadisses!

CAPÍTULO 3
EU CRIO A MINHA REALIDADE

1. O PRESENTE

Você nasceu com o potencial para fazer da sua vida uma obra de arte. Todas as sementes existentes no Planeta Terra têm a potência para se transformar em belas árvores e assim embelezar o mundo, realizar a fotossíntese e melhorar o ar que respiramos, oferecer sombra, dar frutos e alimentar as pessoas com qualidade, protegendo-as de doenças e ainda transformar-se em casa e abrigo, papel para os livros, cadernos, cartões, móveis para as casas, barcos para singrar os mares e aviões para sobrevoar o mundo.

Tal qual uma semente, somos nós, seres humanos. Lotados de potência! Isso mesmo, gratuitamente recebemos características e peculiaridades únicas para ser, fazer, conquistar, embelezar o mundo, amar, brincar, criar, divertir, inventar, e mais um sem-número de ações que nascem conosco em potência.

Você já parou para pensar por que você existe? Por vários anos, naqueles dias de cansaço e estresse, já passou pela minha cabeça que a vida, nos dias de hoje, é somente para trabalhar para poder ter dinheiro para pagar a faculdade, o mercado, a luz, a água, comprar o carro novo, o celular mais moderno e comprar, comprar e comprar até o limite que podemos, e, às vezes, bem fora desse limite também. Em um mundo no qual ser bem-sucedido significa ter, gastamos a nossa existência pensando em ter para poder comprar.

Assim como eu, você já deve ter escutado sobre ser e ter. Essa lição é de fácil acesso, porém sentir e compreender como isso se relaciona com o significado que eu dou aos eventos, por meio da minha interpretação, é um pouco mais complexo.

Veja, toda vez que você diz para você mesmo o quanto a sua vida é difícil, você cria uma realidade possível. A forma pela qual você internamente se enxerga, bem como percebe as situações e estabelece as conversas com você mesmo, definem, por si só, a sua ação no mundo e, é claro, os resultados das suas ações.

2. EM BUSCA DE SENTIDO

Depois de alguns anos de estudo e de vivências, compreendi que sem voltar ao início, entender e transformar os pensamentos, depois as palavras e as ações, não é possível trilhar um caminho diferente. Somos o resultado do que nos foi ensinado pelos nossos pais, seja de forma expressa ou tácita. Entretanto esse aprendizado, apesar de ter sido com amor, e digno de ser eternamente honrado, nem sempre é necessariamente bom para nós.

Algumas dessas formas de pensar, de falar e de agir tornam-se obstáculos para alcançar a completude que desejamos. É bastante curioso perceber como repetimos as ações de nossos pais. Interessante é que o fazemos sem perceber, essa é também uma maneira de nos sentirmos amados, aceitos e, ainda, de retribuir o que recebemos deles. A busca pela identidade dentro do grupo familiar fecha um círculo no qual nos sentimos parte integrante, de mãos dadas.

No entanto, mesmo olhando a fotografia do círculo bem desenhado, e se sentindo parte dele, Bert Hellinger nos ensina com propriedade sobre a boa e a má consciência, e isso não tem a ver com o julgamento socialmente conhecido relacionado a práticas delituosas ou caridosas. Explico. Você já deve ter ouvido falar sobre a ovelha negra da família, certo?

Pois, o filho(a) que enxerga o mundo variado daquele que seus pais lhe mostraram e, por esse motivo, pensa, sente e age de forma diversa deles, querendo um destino diferente para si, torna-se a tal ovelha negra, tendo em vista o despertar para criar um modelo novo.

Você já deve ter conhecido histórias de filhos de médicos que querem ser músicos, filhos de empregados que querem ser patrões e vice-versa. Então, já sabe quantos conflitos são criados por aqueles que querem fazer as coisas de outro jeito. Inserido nos padrões familiares, o diferente opera na má consciência, pois não deseja seguir como os seus pais.

Por outro lado, agindo na boa consciência, prevalece o desejo intrínseco do ser humano de pertencer, continuar e repetir pensamentos, sentimentos e ações como uma prova de amor aos pais. E isso é muito bonito. Entretanto, por esse fenômeno ser um processo inconsciente, pode conduzir para uma ação autômata, robotizada, naquela que fazemos o que fazemos sem saber direito a razão, tanto para atos nobres quanto para aqueles até violentos.

Acho importante compartilhar, neste ponto, a título de ilustração, uma vivência sobre filhas, cujos pais se separaram em razão de relacionamentos extraconjugais do pai. Observei que elas, por mais que tenham superado esse evento traumático, carregam em si a dor da mãe. Operam na boa consciência. Entretanto tendem a autossabotar-se nos relacionamentos, para, de certa forma, por amor, experimentar o que a mãe viveu. Dessa maneira, acabam por atrair pares com determinada peculiaridade e, por essa razão, dificilmente conseguem se relacionar de maneira saudável com eles.

Por isso, já ouvi queixas daquelas que sentem que, apesar de fazerem "tudo direitinho" nos relacionamentos, prevalece a sensação de ser vítima de um mundo no qual os pares são todos iguais e agem de maneira idêntica. Para isso não há solução, só lhes resta aceitar e se submeter ou decidir ficar sozinha. Em qualquer das hipóteses, ressai, no íntimo, uma certa dificuldade em encontrar um sentido para a vida.

Logo, entender a sua comunicação de base, aquela, a partir da qual se alicerçam os seus relacionamentos, sejam eles pessoais ou profissionais, é o ponto fundamental para a transformação desejada. Para começar qualquer coisa, em qualquer área da vida, precisa-se partir de algum lugar, e o lugar é o mural, o pano de fundo, no qual os seus pensamentos básicos, que incluem os seus valores e crenças, estão pendurados.

Dessa maneira, analise o que você diz sobre você para você. Hein? Isso! Mais ou menos assim: o que Maria olha no espelho e diz sobre Maria? O que Maria pensa sobre Maria quando acorda, ao longo do dia, quando executa uma tarefa, quando se senta para almoçar, quando está no banheiro, quando está com o seu parceiro(a) amoroso(a), quando pensa sobre a sua vida, seus desafios e conquistas...

No intuito de tornar essa percepção mais clara para você, observe a Instrução 2. Ela trata dos vários papéis que você desempenha na vida, como ser social que é. Dessa forma, com base nos pontos elencados no texto, você deverá refletir sobre os seus pensamentos e avaliar como se situa no seu universo particular.

Siga o roteiro proposto, pegue o seu caderninho de descobertas e anote, sem pensar muito sobre o que vai responder, quero dizer, responda conforme o primeiro pensamento que lhe vier. Lembre-se, isso é entre você e você mesmo conforme se relaciona com os outros. Trata-se de como você se vê diante de pessoas com diferentes graus de intimidade e de relacionamento.

Lembre-se que não será necessário mostrar as suas respostas a ninguém. Trata-se apenas de um pacto na busca por aproveitar completamente a jornada da vida. Você está livre do julgamento de quem quer que seja. Agora responda sem hipocrisia.

Qual imagem você tem de si?

De zero a cinco, significando zero como péssimo e cinco como ótimo, que nota você se atribui?

Seu papel	Nota
Filha / filho	
Mãe / pai	
Profissional	
Amiga / amigo	
Vizinha / vizinho	
Cidadã / cidadão	
Esposa / marido	
Colega de trabalho	
Mulher / homem	

E então, como você se avalia, não para os outros, mas para você mesmo? Você diz coisas bacanas sobre você? Você se elogia pelas suas conquistas? Observe que, apesar de quantificar por meio de notas, não há aqui o propósito de julgá-lo ou de questionar o merecimento do que lhe acontece, por isso busque as razões pelas quais você escolheu a nota. Atribuir-se zero ou cinco não lhe faz melhor ou pior, apenas mostra como você anda com a sua coitadisse e saber isso é um movimento importante para a pessoa que você quer se tornar.

Ao responder a esses questionamentos, traz-se para a luz a nossa classificação interna, de conhecimento exclusivo de quem pensa. Por isso, olhe com cuidado e realce aquelas notas que lhe chamaram a atenção, as idênticas, as equidistantes, e as que se repetiram em diferentes respostas. Observe o que elas revelam sobre a sua imagem de si, suas frases internas, suas histórias. Lembre-se de que não há certo ou errado, há apenas você.

Talvez você nunca tenha parado para observar os conceitos que tem sobre si mesmo. Essa consciência de como venho me tratando permite-me sentir que estou vivo, que sei o que sinto e sei onde está o momento em que vivo. Quando escolho ser espontâneo, assumir e exprimir, ainda que seja somente eu comigo mesmo, meus sentimentos originais na coleção que carrego dentro de mim, passo a ter intimidade com o que penso de mim.

Quando entendo como posiciono-me internamente sobre o mundo, as minhas relações, a minha família, a minha profissão, meu lugar de trabalho, descrevendo exatamente e "sem fazer o socialzinho", já que sou eu comigo mesmo e ninguém mais precisa saber, começo a ter autonomia sobre a minha vida. Aí vem o suspiro: Ah! Que bom que eu sei! E que ninguém mais sabe!

Ao longo da vida, em razão dos inúmeros *feedbacks* que já dei no mundo corporativo, pude observar o espanto de algumas pessoas quando informadas sobre a percepção de seus comportamentos, considerados pelos seus pares como não muito louváveis.

A primeira reação, e também a mais comum, é a de negação. Normalmente, ela é seguida ou concomitante ao sentimento de injustiça e de perseguição. Note que novamente o outro entra no palco como vilão, para acusar, maldizer e prejudicar. Tal comportamento denota o início do sofrimento e marca o primeiro ponto para o ciclo da coitadisse.

Afinal, nós, seres humanos, precisamos do outro, e mais, precisamos do amor do outro. Assim, ouvir que o cheiro que eu estou deixando no ar não é agradável provoca uma dor. Então, o primeiro remédio a ser sacado é que há alguém tentando me sabotar. Esse é um comportamento típico de quem opera no automático.

Se você já passou por isso, sabe como o processo é desagradável. Entretanto, importante lembrar que o *feedback*, antes de qualquer outro conceito que lhe possa ser atribuído, é um ato de amor. Você recebe uma informação preciosa sobre comportamentos seus que podem ser melhorados. Para muitos pode significar o fim da amizade, da confiança e do emprego, mas, para quem consegue enxergar oportunidades, pode ser um excelente começo para uma nova fase da vida, com *upgrade*.

Confesso que já apliquei esse inventário a várias pessoas e, surpreendentemente, algumas não encontram motivos para se autoavaliar e até criticam esse tipo de atividade. Digo que integram o time do "eu já sei". Nem todos os que gostamos e queremos ver em um ciclo melhor de vida estão prontos para a autodescoberta.

Às vezes, quem se encarrega de dar o *feedback* é a própria vida, pois somente você sabe o que diz para si mesmo, como olha os contextos, e o que pensa das pessoas. Encarar os eventos negativos como chance para criar o novo é uma escolha.

A comunicação é um processo mágico! É por meio dela que somos no mundo: você ComunicaSendo. Gosto especialmente deste termo, só comunica quem é, e, ao mesmo tempo, o que você comunica perfaz o seu ser no mundo. É a forma como você se mostra. A retroalimentação dos seus conceitos internos caracteriza a pessoa que você é no mundo.

Você já conheceu alguém por foto e ao encontrá-lo pessoalmente teve uma impressão diferente? Existem pessoas lindas na foto e feias na vida, assim como as feias na foto e lindas na vida. Embora as imagens constituam uma modalidade de comunicação, o apelo ao belo padronizado, especialmente das redes sociais, tem influenciado a publicação de imagens nem sempre condizentes com a realidade. A comunicação genuína revela a essência de cada ser.

Veja que, se olharmos a história da humanidade, a comunicação é ato bem recente, estudos apontam para uns 50 mil anos atrás apenas. Antes disso, éramos somente interpretativos, olhar o mundo que cercava o *homo sapiens* voltava-se apenas para afastar os perigos e para manter a sobrevivência, garantindo, dessa forma, a perpetuação da espécie.

Essa competência não é exclusiva dos homens. Há seres como os golfinhos, as baleias e as abelhas que têm seu próprio código. Entretanto os humanos organizam a gama de possibilidades comunicativas e estruturam suas linguagens. Mais que isso, as ensinam para as gerações futuras que as atualizam em um processo contínuo, sofisticando, cada vez mais, a fantástica habilidade de pensar, criar uma imagem mental, materializar por meio de um código linguístico e entregar ao outro o seu próprio pensamento, a sua abstração, a infinita imaginação.

É por meio desse aparato complexo de pensar, codificar, materializar e enviar ao outro que podemos partilhar as nossas emoções, os nossos sentimentos e viver momentos de alegria indescritível, ou de profunda tristeza, apenas sabendo sobre o que aconteceu com o outro. E é ela, a comunicação sistematizada, que nos difere dos animais. Entretanto, apesar de ela ser o nosso coringa neste lindo Planeta Azul, é bastante complexa. Ainda assim, representa o mais importante marco da evolução humana.

O que eu quero dizer é que não precisa se assustar quando perceber que você nunca tinha parado para observar os seus diálogos internos, e nem mesmo como escolhia a forma de interagir com os outros, especialmente no que se refere às suas próprias formas de estar na vida, isso é bastante natural.

Nunca ninguém nos ensinou que ter consciência disso fosse importante, tampouco nos contou que assim criamos as nossas realidades. Não nos foi dada a dica de que só depois de ler o nosso livro interno é que conseguimos controlar os nossos atos comunicativos e a interação com os outros. Bárbaro, não é mesmo?

Não é à toa que o mundo elenca a comunicação como uma das habilidades do futuro. Vale a pena investir seu tempo para deslindá-la, uma vez que os relacionamentos são pautados na interação que se dá por meio da comunicação.

CAPÍTULO 3

Viver sem coitadisse é

...compreender toda a sua potência.

...saber por que você existe.

...transformar pensamentos, palavras e ações.

...deixar de repetir comportamentos e aprender novas maneiras de agir.

...parar de autossabotar-se.

...descobrir o sentido da vida.

...mudar crenças que só atrapalham, mesmo que sejam tradicionais da sua família.

...conhecer-se nos vários papéis em que atua.

...ser sincero consigo mesmo, aceitar-se e ter compaixão.

...responsabilizar-se pelo seu bem-estar.

...estar disposto a mudar a cada feedback desagradável.

...cuidar da forma como se comunica.

CAPÍTULO 4
EU PENSO, FALO E SINTO, LOGO EXISTO!

1. O EGO

Na cidade de Delfos, na Grécia, o famoso pensamento "conhece-te a ti mesmo" encontrava-se inscrito na entrada do Templo do deus Apolo, no século IV a.C.. Dizia-se que quem alcança esse conhecimento conhece também o mundo. Entretanto é sabido que essa é uma das tarefas mais difíceis de serem cumpridas por nós, seres humanos. Trata-se de uma busca contínua e árdua, mas, que, ao performá-la, tem-se acesso à chave para acionar os melhores dias de nossas vidas.

Os mestres indianos associam, metaforicamente, o processo de autoconhecimento à flor de lótus, a flor de mil pétalas. Ela é um simbolismo perfeito do caminho que precisamos, delicadamente ou tragicamente, percorrer para chegar à resposta inerente aos seres conscientes: quem sou eu?

Grandes filósofos, psicólogos, psiquiatras, neurologistas e outros estudiosos já elaboraram essa pergunta tão simples com possibilidade de resposta tão complexa. Dr. Eric Berne, psiquiatra canadense, na busca por entender o funcionamento do ser humano e conseguir auxiliá-lo em seus dilemas, dedicou-se a estudar e a analisar a personalidade. Colocou seu foco sobre os sistemas coerentes de pensamentos e de sentimentos e suas manifestações por meio de comportamentos.

Assim, ao observar o pensamento, o sentimento e a manifestação mediados pelo comportamento exteriorizado, concluiu ser possível perceber em que estado de ego a pessoa se encontra. Segundo Berne, ao se observar a manifestação social espontânea, é possível constatar que, de tempos em tempos, as pessoas mudam de postura, de tom de voz, de ponto de vista, de vocabulário e demais nuances de comportamento. Tais modificações são acompanhadas de sentimentos. A essas mudanças e diferenças ele chamou de estados do ego, os quais podem ser descritos como um *kit* de padrões de comportamento que dispomos em um número limitado e de que lançamos mão dependendo da situação: o Pai, o Adulto e a Criança.

O primeiro tende a ser crítico, julgar e fazer condenações. Porém, em algumas circunstâncias, também pode ser nutritivo e apoiador. O segundo é o estado de ego que melhor representa o equilíbrio e o controle das emoções. Já o estado de ego da criança provoca ações parecidas com as birras infantis, ciúmes e pouca percepção do outro.

Em termos existenciais, quando pensamos em ser humano, indivíduo, o diretor da empresa, enquanto pessoa, é igual à faxineira desta mesma empresa e eles precisam um do outro. Assim, ambos têm responsabilidade pelo que acontece entre eles nas interações.

Entretanto, nas relações do dia a dia, sejam amorosas, familiares, sociais, comerciais ou trabalhistas, os desentendimentos, as críticas e os conflitos fazem parte da rotina. As relações de poder se entrelaçam aos pensamentos que provocam certas emoções, nem sempre confortáveis, que deságuam em comportamentos manifestamente ofensivos, por meio de gestos, caras e bocas, tom de voz e escolha de palavras nada amigáveis.

Para que você seja um ser consciente e que possa livrar-se do sentimento de coitadisse sobre eventos desagradáveis com pessoas cujo comportamento você não tem o menor controle, tipo seus superiores no trabalho, escola ou família, em primeiro lugar, é necessário saber de onde se está falando, ou seja, que tipo de emoção e de capacidade de interpretação está em ação naquele momento.

Por essa razão, conseguir identificar os seus sentimentos relacionados aos contextos apresentados pode trazer à luz as soluções necessárias para que as dificuldades sejam capazes de gerar aprendizado e satisfação. Para tanto, é necessário se dar conta de que existe a possibilidade de lidar com os conflitos sem sofrer tanto e, melhor ainda, sem fazer as outras pessoas sofrerem pelo seu comportamento inconsciente e, algumas vezes, ofensivo ou preconceituoso.

Mais detalhadamente, o que quero dizer é que inicialmente é preciso saber como eu posso autoinfluenciar-me, para depois partir para influenciar os outros, e expor, respeitosamente, o meu ponto de vista. Primeiro, você precisa ser seu melhor amigo, seu aliado. Então, diante de um acontecimento que requer uma discussão seguida de escolha, de decisão, consulte, antes de mais nada, a sua conversa interna sobre o tema.

Novamente, o autoconhecimento é o fundamento da construção do diálogo. Ao se auto-observar, com o tempo, vai notar que quando nos deparamos com uma situação emocionalmente desafiadora, nosso cérebro percorre caminhos memoriais de rotas já traçadas para lidar com aquela situação. E, infelizmente, algumas vezes, esses caminhos são aqueles que nos levam aos equívocos, às ofensas e à perda de controle emocional. Claro que também podem nos conduzir a desfechos mais confortáveis, mas como estamos falando de coitadisse, vamos nos ater àqueles que precisamos melhorar.

A boa notícia é que os estudos científicos já demonstraram que a plasticidade cerebral, isto é, o funcionamento e a capacidade de adaptação e de aprendizado, não termina nunca, enquanto vivermos. O que quer dizer que podemos aprender e treinar para que, em situações que demandem uma carga emocional significativa, possamos ter reações diferentes daquelas automáticas e aprendidas desde a infância. Isso mesmo! Podemos nos superar!

A instrução 3 tem o objetivo de que você se situe e entenda de que lugar você fala, com base nos estados de ego do Dr. Berne. As frases selecionadas no formulário podem ajudá-lo a perceber o seu reino interior, os contornos dos seus pensamentos.

Assim, caso você tenha dificuldades de captar as suas falas internas, ao ler as frases, poderá haver a identificação ou não com elas. Essa tarefa vai fornecer as pistas para você entender o seu estado de ego diante de uma situação desafiadora.

É possível notar que elas são comuns e que algumas modificações precisam ser feitas quando as personalizamos, quando as trazemos para o nosso mundo. Vai notar também que as repetimos em situações diante de desafios diversos, em casa, na escola, no trabalho, na sociedade etc.

Instrução 3

Inicialmente, pense em um evento que lhe tenha trazido desconforto, tristeza, raiva, indignação, horror, insatisfação extrema, vontade de fugir para bem longe, vontade de partir para a luta física, enfim, qualquer situação que o fato de apenas lembrar já altera seu aspecto corporal, faz seu coração bater mais rápido, dá um calorão, faz você torcer a cara, dá vontade de esmurrar a mesa. Note que, para que a avaliação funcione bem, você precisa focar em um único evento e ser sincero.

Agora, leia as frases a seguir e marque com um X aquelas com as quais você se identifica mais quando está no meio do conflito escolhido. Talvez não sejam iguais às suas, mas marque caso exista apenas alguma semelhança de conteúdo. Repare que muitas vezes você não as diz, mas pensa.

1	Vai, diz logo o que você está pensando!
2	Seu trabalho está horrível!
3	Isso é jeito de tratar os outros?
4	Vá pensar no que você está dizendo!
5	Você sempre faz tudo errado.
6	Se precisar, me avise que eu ajudo você.
7	É bom saber que, apesar de ser diferente, você é capaz de fazer.
8	Eu me esforcei muito, mas não consegui terminar a lista.
9	Você pode me dizer qual a melhor forma de fazer?
10	Desta vez não foi bacana, mas você pode fazer melhor na próxima.
11	Não consegui, e daí?
12	Se quiser é desse jeito e pronto!
13	Minha vida é trabalhar!
14	Oba! Amanhã é sábado! Não vou precisar ir para aquele lugar de novo!
15	Graças a Deus não tenho que ver a sua cara de novo.

Você se identificou com as frases? Ótimo, isso significa que estamos caminhando para um novo estágio. Saiba que essa é apenas uma pontinha do *iceberg*, pois o nosso processo comunicativo é rico, então as frases que construímos e as combinações que fazemos podem ser infinitas, mas elas pertencem a um grupo que encerra determinada característica.

Quando você não tem a intenção realmente e impacta negativamente a outra pessoa, há algo em sua comunicação que precisa ser aprimorado. Para isso, agora, vamos fazer a avaliação das suas formas de expressão, conforme as frases que você marcou acima, com base nos estudos de Eric Berne (1974), do qual falamos anteriormente. Ele explica que todos temos dentro de nós uma reunião social: Pai, Adulto e Criança.

Em nossos comportamentos, variamos, conforme as circunstâncias, entre esses três estados de ego. Ou seja, transitamos nessas faixas dependendo dos gatilhos a que somos expostos, mas, normalmente, temos um predominante. Conhecê-lo e tomar consciência dele faz a diferença em nossos modos de agir. Vamos lá: conte quantas frases você marcou nas sentenças de 1 a 5.

- **As sentenças de 1 a 5** representam a expressão do Pai. Caso você tenha reconhecido mais de duas delas como suas ou similares

CAPÍTULO 4

as suas, significa dizer que você está em estado idêntico a um de seus pais, ou de alguém que os tenha substituído. Isso quer dizer que você está repetindo palavras, gestos, tons e posturas que ele/ela costumava ter. Também pode ser que você reaja não exatamente como ele/ela, mas como ele/ela gostaria que você reagisse.

Carregamos nossos pais dentro de nós, muitas vezes sem perceber. A função principal dessa atitude tal qual a de pai é a certeza da eficiência da decisão, o que leva a uma economia de energia e de tempo, pois a sua organização psíquica-cerebral já detém o modelo como acertado "é isso que tem que ser feito".

- **As sentenças de 6 a 10** expressam o posicionamento do adulto. Caso você tenha reconhecido mais de duas dessas sentenças como suas diante de uma situação emocionalmente desconfortável, saiba que você está operando em seu modo Adulto. Isso quer dizer que você consegue avaliar as situações de forma objetiva e independente. Significa que você realiza seus processos mentais, faz as análises e conexões possíveis e chega a conclusões imparciais, livres de preconceitos, de mágoas ou rancores. Consegue chegar a uma solução equilibrada naquele exato momento. Vive no aqui e agora.

- **As sentenças de 11 a 15** estão relacionadas a sua criança. Se você marcou mais de duas dessas como sua resposta ao evento que tirou você do sério, indica que as suas reações são próprias de um menino/menina, como se você ainda fosse uma criança. Temos os vestígios indeléveis da nossa criança guardados na memória e eles são ativados dependendo do desafio a que somos expostos. Trata-se de uma parte valiosa de nossa personalidade e contribui com o encanto e a criatividade, mas também pode ser confusa ou doente, dependendo do que mais experimentamos na infância.

Desse modo, ao constatar qual a sua tendência, em que padrão de funcionamento você se encaixa, torna-se um pouco mais fácil saber que música você está tocando internamente e que parte dela as pessoas estão ouvindo ao se relacionarem com você. Logo, será possível entender como as suas relações são construídas a partir do que você pensa, sente e de como age.

2. A PARTE QUE ME CABE

Você já deve ter sacado que quem não gosta de música clássica não vai em concerto de orquestra sinfônica e, de igual modo, quem não gosta de funk não vai ao baile, certo? Assim são os grupos a que pertencemos, as pessoas das quais nos aproximamos, os amores que atraímos, os eventos que trazemos para a nossa vida estão relacionados ao que somos ou, ao menos, ao que demonstramos ser.

Às vezes nos perdemos em meio às coitadisses reclamando das pessoas que não conhecemos, dos grupos a que não pertencemos, do amor perfeito que não conseguimos, do emprego sonhado que não conquistamos, da liberdade financeira tão distante, e assim distribuímos as responsabilidades e saímos conformados porque "a vida é assim mesmo" e, sem qualquer desrespeito às religiões e às crenças, ainda dizemos que é a vontade de Deus.

Sim, eu também acredito Nele, em seu poder e soberania sobre a nossa vida. Entretanto o que não podemos é abrir mão daquilo que Ele nos incumbiu de abraçar e lidar, e lutar, e melhorar, e fazer de novo, e de novo, e crescer, e expandir, e estudar, e observar, e transformar não aquilo que eu não tenho poder ou controle para que seja diferente, mas a pequena parte que me cabe em cada acontecimento da minha vida.

Desde a primeira respiração da manhã, é Deus, independentemente do nome que você o chame, nos dando, como filhos queridos, únicos, e escolhidos para vivermos neste Planeta, no país que você estiver, no estado, na cidade, no bairro, na família, no relacionamento, no emprego, na profissão, no exato modo em que está a sua vida agora. Ele deu a você a decisão de controlar todos os eventos da sua vida, é a sua escolha! Você é único e foi criado a Sua imagem e semelhança.

Quando não nos damos conta disso, continuamos as nossas vidinhas, do mesmo jeitinho, transferindo a responsabilidade e dando o papel principal ao outro, aos acontecimentos, à pouca "sorte" que julgamos ter e passamos a olhar a vida dos outros com inveja, com ciúmes, assumindo internamente o quanto somos injustiçados. Desse jeito, vamos ficando cada dia menores e mais "conformados". Assim, reafirmamos as nossas coitadisses aprendidas no seio familiar, na escola, no mundo que conhecemos até então.

Por essa razão, entender qual é o seu nível de coitadisse é o passo necessário para alavancá-lo para novas fases. Observe que ao considerar que as pessoas primeiro pensam, depois sentem e, enfim, agem, seja expressando por meio de palavras ou de gestos, as frases que você marcou na Instrução 3 podem denotar um padrão nem sempre coerente com aquele que você acredita ter.

Para ser um pouco mais clara, é mais ou menos como achar que está arrasando na balada e, ao ter oportunidade de olhar a sua foto, tirada por outra pessoa que lhe observava naquele exato momento, descobrir que sua performance não estava tão bacana como pensou.

Na sua forma de se comunicar, acredito que você, assim como eu, já sentiu ter "metido os pés pelas mãos" e falado coisas que não deveriam ter sido ditas. Sabe aquela situação em que você diz ter uma intenção, mas o outro acaba entendendo de outra forma? É este o caminho para perceber a congruência entre a sua intenção, atitude ou ação e o impacto que você causa.

Enfim, preciso alertá-lo que, quando isso acontece, normalmente, é você sendo incoerente de alguma forma, pois, se não tinha a intenção, poderia ter buscado uma maneira diversa de se expressar.

Não é difícil notar que nos pegamos sendo ríspidos, fazendo ironias constrangedoras, dando respostas grosseiras, falando alto e demais, oferecendo informações gratuitas em momentos não oportunos e, é claro, por conta disso provocando momentos desconfortáveis para nós e para os que nos cercam. Depois da porcaria feita, ainda nos justificamos com excelentes razões para suportar o peso chato daquilo que causamos.

É importante que você perceba que não existe certo ou errado, melhor ou pior, apenas resultados. Existem você e seus pensamentos, sentimentos e atitudes que denotam a predominância desta ou daquela forma de ser e de agir.

Às vezes, esse jeito peculiar de fazer as coisas traz prazer e sucesso e, em outras, dor e desentendimento. Ao conseguir captar isso, você pode dar um passo para chamar e conservar a predominância do Adulto para a maior parte do tempo. Dessa maneira, ao submeter-se à análise dos dados de forma eficiente e constante, poderá experimentar mudanças e gratificações, como também satisfação e alegria advindas do bom resultado das suas ações, além de assumir a direção e de controlar as ações do Pai e da Criança, e de colocar o Adulto na mediação entre eles.

3. O MEU LUGAR

Agora, com base nos seus diálogos internos, vamos brincar um pouco. Você, em algum momento da sua vida, já deve ter brincado da dança das cadeiras, certo? Aquela na qual as pessoas vão dançando e quando a música para, é preciso sentar-se rapidamente em uma cadeira sob pena de ser excluído do jogo. Vamos brincar agora, mas de uma forma adaptada, com o objetivo de que você consiga observar o seu diálogo interno sob perspectivas diferentes.

Vamos fazer um exercício sistêmico, no qual você deve experimentar a sensação que cada lugar proporciona. Para isso, é preciso que você limpe os seus pensamentos de qualquer julgamento sobre si.

Você vai notar um desdobramento do estado de ego do Pai e da Criança, proposto pelo Dr. Berne. Isso fornece um número maior dos vieses possíveis dos comportamentos, o que facilita para compreender qual a sua posição predominante diante dos desafios da vida.

Visualize agora você em uma sala com várias cadeiras. Em cada uma delas há uma sentença com uma forma de expressar, de sentir, conforme elencado a seguir. Leia as frases e posicione-as, uma em cada cadeira. Para facilitar, você pode copiá-las e dispô-las a sua frente em uma mesa ou no chão, como se estivessem nas cadeiras.

A seguir, lentamente, imagine-se sentando em cada uma delas, leia a frase em voz alta, feche seus olhos e deixe a sensação chegar. Apenas leia e deixe fluir. Você poderá ter vários sentimentos: paz, equilíbrio, raiva, alegria, tristeza, satisfação, orgulho etc. Não deixe de percebê-los.

Mude sucessivamente para cada cadeira e vá se auto-observando. Experimente performar cada uma dessas possibilidades. Ao final, veja qual delas será mais confortável para você, qual delas, diante de um evento desafiador, provocaria em você uma sensação agradável. Respire, perceba-se e defina qual é a sua cadeira.

Cadeira do Pai Crítico:	Você deve se envergonhar desses pensamentos depois de tudo que já fez!
Cadeira do Pai Amoroso:	Pobrezinho! Tenho muita pena de você por tudo que lhe aconteceu. Você faz o que pode!
Cadeira do Adulto:	Passei por muitas coisas na vida, mas aprendi com elas e hoje sou uma pessoa melhor e com muita vivência.

Cadeira da Criança Livre:	Que saco! Não aguento mais essa vida! Será que ninguém dessa família vai me ajudar alguma vez?
Cadeira da Criança Submissa:	Tenho tentado ser mais feliz, apesar de tudo, mas é tão difícil...
Cadeira da Criança Rebelde:	Que me interessa o que essa família pensa! Eu sou assim e pronto!

Nesse ponto, você já deve ter concluído sobre a cadeira que corresponde à sua ação, qual estado de ego predomina em você, quem você resgata para auxiliá-lo. Então, a partir dessa observação, para que você se torne o seu melhor amigo, é indispensável começar a praticar. Agora que já conhece e que reconhece, é importante incluir na sua rotina de pensamento de fundo, uma nova forma de se sentir confortável diante das várias situações da vida.

Escrever lembretes e pequenas mensagens para você mesmo com o comportamento que deseja, para que possa ler várias vezes ao longo do dia, é um exercício bastante eficaz e precisa ser feito por vários dias. William James, psicólogo, lá, em 1890, já falava sobre a plasticidade cerebral.

Ou seja, o cérebro é moldável e podemos aprender até o dia que morremos, basta ter interesse em querer ser e fazer diferente.

Saliento, no entanto, que não há certo ou errado quando falamos em comportamento. Há apenas seres humanos. Assim, se você se encaixa no comportamento do Pai Crítico, por exemplo, e se sente confortável nesse lugar, bem como com os resultados que essa performance traz para você, não há nada de mal nisso. É sobretudo o seu conforto que conta. Todavia a reflexão aqui precisa pautar-se sobre tal comportamento situar você no ciclo da coitadisse. Nesse caso, a proposta é que você se movimente para alcançar outros patamares.

Além disso, é importante que você saiba que algumas realidades que nos provocam e nos remetem à coitadisse estão fora da nossa zona de alcance, haja vista que vem quase que gratuitamente das atitudes do outro. Quanto a essas, que você não pode mudar, pois dependem do comportamento alheio, lembre-se de que há mil maneiras de olhar e de sentir cada evento, exercite novas possibilidades, use outros óculos e evite machucar-se.

Uma das grandes chaves para entender por que as pessoas fazem o que fazem é ter um olhar empático sobre elas. Observar suas razões e sentir as suas dores, sem pegá-las para você, é claro, é um treino para aprimorar a sua habilidade de considerar e de conhecer e de reconhecer o momento de cada um.

Viver sem coitadisse é

...saber que o autoconhecimento é a chave-mestra para todas as conquistas.

...perceber qual meu estado de ego diante dos desafios.

...ser seu aliado.

...aprender, aprender e aprender.

...conhecer seus gatilhos.

...assumir a parte que me cabe.

...não jogar palavras ao vento.

...reconhecer o momento de cada um.

...exercitar novas possibilidades.

CAPÍTULO 5
EU CONHEÇO AS MINHAS DORES

1. MINHA CAIXINHA SECRETA

Nós, seres humanos, funcionamos como um grande quebra-cabeças interativo, complexo, detalhado, que pensa, cria, age, recria, tenta e caminha em direção à luz, assim como as plantas, caminhamos para a evolução. Cada um a seu passo, ouvindo a sua própria música e nela dançando com um ritmo único. Nossa busca pela solução dos problemas e pela felicidade é que nos leva a encontrar caminhos que nos apontam para a melhoria de nós mesmos. A não ser para aqueles atacados pela coitadisse. Esses irão passar pelo caminho procurando os culpados e apontando as injustiças da vida e até do Criador para com eles.

Bem, se você chegou até aqui, significa que você já está quase fora do grupo da coitadisse e está a caminho de tomar a vida em suas mãos e definir-lhe o contorno. Parabéns!

Ao longo do trajeto, vamos levando pancadas e aprendendo. Algumas leves e outras que nos marcam. Dessa maneira, assim como o colecionador de selos, de carros, de obras de arte etc., vamos guardando em uma caixinha a nossa coleção de dores.

Em determinado ponto da vida, preciso relatar para você, minha caixinha transbordou e precisei lidar com a coleção inteira. Confesso que perceber cada uma delas, com as suas nuances, cores, tamanhos e características foi, a princípio, paralisante, mas uma boa olhada em cada uma, com a vontade de ser mais feliz, é mágico. Elas passam a ser joias valiosas pelas histórias que carregam.

Depois de muito andar, ler, estudar, pensar e sentir, entendi que precisava contar para outros um possível itinerário a ser percorrido e, assim, promover experiências mais edificantes nessa breve passagem.

As dores, normalmente, nos carregam para o ciclo da coitadisse, ou passamos a reclamar, a sermos mal-humorados, azedos, críticos extremados ou nos tornamos conformados e sem força. Percebi que para sair do estado de coitadisse, em primeiro lugar, há que se honrar o lugar onde está, como também todas as circunstâncias, boas ou ruins, que nos trouxeram até aqui. Assumir as dores como resultado das batalhas da vida, quero dizer, tomá-las para você, aceitar que elas existem sem se sentir diminuído ou envergonhado.

No final, você pode concluir, tamanha a sua importância, que foram engrandecedoras, caso contrário você não estaria em busca de ser melhor do que já é, e que quanto maior a dor, maior é a Luz que ela traz.

2. AS RAÍZES DA DOR

Abate e Di Stefano (2020) ensinam que as raízes de nossas dores têm a ver com o sentido que é dado por nós aos acontecimentos da vida. Uma das dores sofridas mais comuns está ligada à separação que acreditamos existir, quando sentimos que estamos sozinhos, desconfiando de tudo e de todos, perdidos.

Temos potência para sermos o que quisermos, no entanto, em meio ao turbilhão dos acontecimentos, somos pegos pelos nossos próprios pensamentos, diante das mazelas do mundo, como impotentes e incapazes de sair de um círculo viciante.

Conseguimos enxergar poucas ou nenhuma alternativa diferente do que assistimos as pessoas ao nosso redor, pais, irmãos, tios, primos, amigos etc. para fazermos algo diferente, pois foi desse jeito que aprendemos a ser. Enfim, não conseguimos nos colocar no mundo de forma distinta dos nossos modelos, e continuamos como que carregados por uma onda gigante sem saber surfá-la.

Esse sentimento de separação vem após as nossas elaborações mentais e conexões neurais como resposta às experiências vividas. Quando experimentamos, por exemplo, circunstâncias de isolamento ou de exclusão, temos certeza de que não somos desejados. Para que essa dor aflore, basta que não sejamos convidados para tirar uma foto com o grupo, ou para uma festa, ou para participar do grupo de WhatsApp, ou que sejamos demitidos de uma empresa, e até mesmo quando aquele telefonema ou mensagem que você espera há dias, para um encontro com um possível amor, não acontece.

Um dos contextos mais propensos a esse tipo de dor está relacionado à perda de entes queridos. A história do homem é marcada pelo mistério da morte e, sobre ela, nada podemos fazer. A saudade dolorosa é a fonte principal do sentimento de separação. Conheço pessoas que perderam a vontade de viver ao ver seus amados partirem. A vida parece sem sentido e que não há mais motivos para querer continuar, resta apenas o sentimento de injustiça consigo mesmo, a não conformação com a perda e uma dor que não se pode explicar.

A outra fonte dessa dor está ligada à consciência de grupo sob a qual vivemos, ela nos concede igualmente o direito de pertencer, independentemente de qualquer categoria a que sejamos remetidos pelo julgamento de outrem, seja pela cor, raça, tamanho, cabelo, olhos, imperfeições, ou por nossas atitudes. Dessa forma, todos pertencem, sem qualquer exceção. Quando nos vemos banidos, por qualquer razão que seja, a sensação de dor é inevitável. E sofremos muito.

O isolamento de qualquer tipo a que somos submetidos é também fonte de dor. Tão comum e comprovado que o nosso sistema penal atribui o isolamento como a pior sanção a ser aplicada aos seres humanos. A desunião, representada pela falta de interesses comuns aptos a conduzirem à abertura de novas possibilidades e caminhos, também nos causa dores indeléveis. Juntamente, está a desconfiança. Nada pior ao ser humano que não se sentir digno de confiança, especialmente daqueles pelos quais ele tem carinho e amor.

Em primeiro lugar, saiba que esses são sentimentos comuns e que nós, seres humanos, somos únicos e diferentes, mas, ao mesmo tempo, somos tão iguais. As nossas dores são comuns e da mesma maneira que nos sentimos feridos, também ferimos.

Abate e Di Stefano elencam também uma segunda origem das dores que sentimos, a qual está ligada à lei da escassez. Quando os nossos pensamentos, sensações e palavras se encontram em sintonia com o sentimento de falta, seja de amor, atenção, carinho, dinheiro, tempo, afeto, amizade, fidelidade, saúde, reconhecimento, conexão espiritual, sono, realização de sonhos, segurança, uma pessoa em específico, enfim, tudo de que sentimos falta na vida, do mais simples ao mais complexo e completo, significa que acionamos a dor de escassez e, desse jeito, a satisfação com a vida e seus eventos torna-se prejudicada.

Imagino que você agora esteja sem entender muito do que estou dizendo, é quase normal pensar em cada item que sinto que falta e procurar justificar e atribuir as devidas responsabilidades a cada uma delas, não é? Explico. É, por exemplo, ter a sensação de que não sou amado o suficiente pelos meus pais e, é claro, pensar que eles me devem isso. Ou precisar sempre de mais e mais dinheiro, por nunca não ter o bastante, porque a empresa que trabalho não valoriza o meu trabalho e não aumenta o meu salário, ou porque os meus negócios não andam bem.

Há também quem tenha falta de tempo, tendo em vista que a agenda está sempre lotada, com mais apontamentos que horas do dia, em razão da exaustiva profissão. Ainda há os que sentem falta de um par romântico, haja vista que, hoje em dia, como dizem, "ninguém quer se comprometer".

Em suma, é possível elencar o senso de escassez nos mais diversos âmbitos da vida, bem como as razões que fundamentam cada uma delas, com os seus respectivos responsáveis. Por um longo tempo, eu, assim como você, também pensei ser vítima de contextos, eu não conseguia ver saída.

Contudo percebi que a escassez era, na verdade, de consciência. Tendo em vista que atribuir, por exemplo, a falta de realização dos sonhos às circunstâncias da vida, tais como a origem humilde, as responsabilidades com a família, a demissão do emprego etc., é mais prático. Hoje, já sei que tudo o que eu sentia falta estava ao meu alcance, mas, para isso, precisei ter bem claro quais eram as coitadisses e o que elas tinham a ver com o estado em que eu me encontrava.

Não se pode falar em dor sem conversar sobre o medo. Esse é outro princípio forte que nos causa sofrimento. Especialmente, nesta época de pandemia, essa dor é a mais presente. Nas conversas informais, nos noticiários da televisão e dos jornais, com um pouco de olhar crítico é possível observar as pessoas estagnadas, sem ação, trancadas em seus mundos com medo da morte. O número de suicídios, de consumo de remédios psiquiátricos e de bebidas alcoólicas nunca foi tão grande no mundo. O fenômeno da Covid-19 fez aflorar o mais antigo medo do ser humano, o de morrer.

Sem saber lidar com o novo que chegou de surpresa, iniciou-se um ciclo de observação com os olhos cheios de medo, e, dessa maneira, todo e qualquer evento positivo trazido pela explosão da doença, tais como as reflexões sobre trabalho e família, por exemplo, foram diminuídas em razão da ameaça. A partir daí, particularmente, nas redes sociais, o antagonismo voraz e a polarização foram as estrelas, pessoas trancadas em casa e as emoções trancadas em cada ser transformaram acontecimentos simples em um grande espetáculo, nem sempre bonito de assistir.

Impossível não citar um conto de Nasrudin, no qual ele se encontra com a Peste no caminho para Bagdá. Ela lhe diz que irá à cidade para matar 10.000 pessoas. Passado um tempo, ele tem notícia de 100.000 pessoas mortas em Bagdá e, ao encontrar a Peste novamente, passa a questioná-la por que ela havia mentido para ele. A Peste, surpresa com a notícia, diz-lhe que ela matara as 10.000, conforme havia lhe avisado, mas as outras morreram de medo. Nessa brincadeira é possível perceber, alegoricamente, o efeito dessa poderosa emoção sobre a nossa vida.

Cabe-nos, entretanto, em relação ao Coronavírus, utilizar o medo como mentor para os cuidados que precisamos ter, bem como para aprendermos a valorizar ainda mais cada respiração que nos permite continuar neste mundo tão bonito. Razão fundamental para começar a viver sem coitadisse!

Instrução 4

Imagino que você, assim como eu, tenha tido poucos momentos para identificar, afinal, qual é a sua dor. Na verdade, na maioria das vezes, nem sabemos que isso é uma dor, achamos que é natural da vida e que guardar mágoas e ressentimentos também o é.

A experiência mostrou-me que eu sequer sabia que o que eu sentia era uma dor. Nem notava que a minha expressão, a forma de me comunicar, revelava as minhas dores mais profundas.

Então, entendi que primeiro é necessário saber o que dói. Por isso, agora, vamos trabalhar para identificar quais são as suas dores e sob qual princípio você vem, ao longo dos anos, tomando as decisões da sua vida, fazendo as suas escolhas. Talvez, isso explique para você o rumo que sua vida está tomando.

Assinale, nas frases abaixo, aquelas nas quais você encontra ressonância na sua vida diária. Lembre-se de ser sincero, é só você com você mesmo.

1	Ninguém faz o que precisa ser feito.
2	Eu não posso confiar em ninguém.
3	Eles não gostam de mim.
4	Acho que elas não confiam em mim.
5	Estou sempre me dando mal nos relacionamentos.
6	Eu não sou capaz, eu não sei o suficiente.
7	Eu não aguento mais.
8	Não tenho tempo e nem dinheiro para realizar o que eu quero.
9	Não adianta, nada vai acontecer, eu já sei.
10	Sempre que vou lá, coisas chatas acontecem.
11	Não vai dar certo, tenho certeza.
12	Isso é impossível.
13	Eu não posso mais reprovar nesse teste.
14	Sinto-me muito sozinho.
15	Não posso querer demais.

Agora vamos dar uma olhada naquelas asserções que você reconheceu já ter utilizado em algum momento da sua vida, ou até mesmo, que você repete todos os dias para você mesmo, como se fosse um mantra, assim, uma música ou versinho interno. E, advirto-lhe, se por acaso aquela frasezinha, que é a sua música interna que toca todos os dias na sua rádio, não estiver na lista anterior, por favor, anote-a e envie para mim para que eu possa acrescentar aqui e compartilhar com mais pessoas.

- **1 a 5:** se você marcou mais de uma sentença entre esses números, você está vivendo o princípio da separação. Isso quer dizer que os seus parâmetros estão pautados na dor que você sente por se ver, de alguma forma que só você mesmo pode elaborar e se autoexplicar, isolado, separado, como se não fosse digno de confiança ou de aceitação.

- **6 a 10:** caso a sua marcação tenha incidido sobre essas frases, significa que você tem operado no princípio da escassez. Sim, você tem certa segurança ao dizer que não consegue realizar alguma coisa, seja de trabalho, seja de vida pessoal, porque algo lhe falta. Pode ser que você sinta isso desde muito pequeno e que também isso seja uma prática constante nos seus relacionamentos. Saiba que todos nós temos essa tendência ao princípio da escassez, em razão das dificuldades da vida de hoje em dia. A dor, as queixas, a coitadisse têm as raízes fincadas no terreno da justificativa do que lhe falta.

- **11 a 15:** a sua opção por se expressar com frases como essas ou semelhantes a elas quer dizer que você tem operado no princípio do medo. Essa emoção é importante, pois nos protege de muitos perigos. Quando temos medo, tomamos mais cuidado e acabamos nos preservando em todos os sentidos. Entretanto, quando se passa a operar demasiadamente nele, deixa-se de viver e de experimentar situações importantes por estar paralisado, estagnado com receio do que possa acontecer. Assim, quando a sua dor está pautada no medo, a sua coitadisse está plenamente justificada, você vai continuar deixando a vida te levar e negando assumir a sua parte.

Bem, entendidas as leis dominantes que norteiam a sua dor e, consequentemente, a sua coitadisse para não fazer o que você realmente deseja e é capaz de fazer, já é tempo de partir para a ação, e isso, somente você pode fazer.

CAPÍTULO 5

Viver sem coitadisse é

...conhecer a minha complexidade.

...lidar com a caixinha de dores.

...reconhecer o propósito de cada dor.

...pertencer independentemente de raça, cor, tamanho e imperfeições.

...saber que apesar das diferenças, somos iguais.

...reconhecer que tem tudo.

...usar o medo para estabelecer melhores estratégias.

CAPÍTULO 6
EU SEI A SOLUÇÃO

1. O SEU SUPER-HERÓI

Quando pensamos em como amenizar as nossas dores e, por consequência, os problemas que nos afligem, a sensação que buscamos é a de satisfação, de paz e de completude, mas a raiva, a mágoa e o ódio, às vezes, insistem em aparecer. Então, é preciso entender que o mundo é como ele é, as pessoas são como são e está tudo em ordem, os seus julgamentos, por mais que lhe tragam sentimentos de injustiça e de dor, são apenas o seu modo de ver e de sentir. Não há qualquer sofrimento seu que possa mudar o outro.

Você não precisa ser super-herói e querer salvar o mundo ou transformá-lo ou às pessoas que nele habitam.

O único trabalho que pode ser feito é com você, em você. É você quem manda na sua casa, nos seus pensamentos, nas palavras que utiliza, nas atitudes que escolhe. E esse é o mundo que pode ser mudado, transformado. A dor pode passar a ser prazer. Para que isso aconteça, a intuição, que é só sua, deve ser lançada sobre os eventos de forma que você não seja um ser que opera no automático e que nem sabe por que faz o que faz.

Seja um jardineiro, alguém que cuida da semente lá dentro da cabeça, é capaz de reorganizar os eventos de maneira diferente enquanto a vida está acontecendo.

O nosso cérebro busca por padrões. Ele escaneia as nossas experiências já vividas e faz generalizações que nos levam a conclusões, nem sempre acertadas, sobre pessoas e eventos. Por isso, algumas vezes ao percorrer os estágios de percepção, imaginação, sentimento, ação e reação acabamos provocando acontecimentos fundamentados em generalizações não confirmadas, automáticas, que nos levam diretamente a um conflito.

Assim, conhecer e ter consciência do estado em que opero e da comunicação que utilizo diante dos desafios da vida é um passo para viver e aproveitá-la melhor.

Saiba que dar e receber são duas faces de uma mesma moeda. Quando dou o melhor de mim para o mundo, por certo, recebo o melhor do mundo. Um dos antídotos para as dores causadas pelo princípio da separação, do não pertencimento, da exclusão, é reagir com pensamentos de amor, união, compaixão, inclusão e aceitação.

Só para ilustrar, vou lhe contar uma passagem minha. Certa vez, uma colega de trabalho que se apresentava como uma pessoa extremamente religiosa, e realmente era, aproveitou um momento de oração para desferir agressões sub-reptícias a mim. Percebi e, a princípio, fiquei indignada por sua postura.

Depois, quando fui indagada sobre o ocorrido, vi-me lembrando de um texto sobre um caminhão de lixo. Era uma história que dizia que muitas pessoas andam por aí carregadas de lixo, frustrações, raivas, traumas e desapontamentos. Essas pilhas vão crescendo e elas precisam de um lugar para descarregar e, às vezes, descarregam sobre a gente, mas podemos escolher se queremos levar esse lixo ou não.

Posso optar por ficar indignado, lembrar de cada palavra, ficar irritado e até ir tirar satisfação com essa pessoa e condenar-lhe pelo ato praticado. Porém essa é uma atitude de quem age involuntariamente. Não é conduta de um ser consciente. Então, optei por entender a dor que ela estava sentindo. Notei que eu a incomodava e busquei outras maneiras de interpretar o que ela disse. É claro que não foi simples, mas foi uma oportunidade de crescimento. Tanto que estou aqui contando essa história para você.

Com ela, aprendi a ter liberdade em aceitar ou não as agressões, entretanto entendi o que é ter empatia, o que foi um ganho maior ainda. Veja que eu não conseguiria mudá-la se a chamasse para conversar e dissesse tudo que eu pensei, naquele momento, sobre a atitude dela. Esse era somente o meu sentimento, o meu sofrimento. Quando olhei o ato como o descarregamento do caminhão do lixo e percebi o quanto ela estava sofrendo, decidi deixá-lo ali mesmo e mudar também o meu modo de agir em relação a ela.

Lembre-se de que as pessoas são o que são e precisamos respeitá-las, pois todas têm uma história que as concebeu naquela forma. Não nos cabe qualquer julgamento, apenas empatia às suas dores externalizadas. Podemos apenas trabalhar o significado dos eventos e das pessoas nos nossos contextos. Quero dizer que as únicas pessoas passíveis de serem transformadas somos nós mesmos, ressignificando os eventos por meio de um olhar de amor e de compreensão. Esse é um exercício diário.

2. A FALTA

Quando sentir que o princípio da escassez está operando sobre você em qualquer esfera da sua vida, ou seja, quando a falta de qualquer ordem estiver dominando os seus pensamentos e mantendo você estagnado em uma zona de coitadisse irremediável, não há antídoto melhor que reformular os pensamentos, as palavras e as ações para a prosperidade, abundância, fartura e generosidade.

Somos influenciados pelas cinco pessoas com as quais convivemos e nos retroalimentamos. Quando compreendi isso, eu passei a observar o quanto das minhas falas eram de escassez. Como moro em Cuiabá, em Mato Grosso, e aqui é muito quente, a queixa sobre o calor é comum, é quase como se não reclamar, você não é normal. A escassez aqui reside na falta de conforto térmico para realizar as tarefas diárias e até para conseguir se vestir com certa elegância.

Então, quando me dei conta disso, algumas perguntas surgiram: e aí? O que posso fazer quanto a essa falta? Há algum controle meu que possa mudar o clima de Cuiabá? Acho que não, né? Entretanto há algumas possibilidades plausíveis: ir embora para um lugar com clima mais ameno, viver com o ar-condicionado ligado (e pagar uma conta salgada de energia elétrica), ou começar a observar as vantagens de viver em um lugar quente.

Assim, no intuito de não prolongar esse estado de falta, quando alguém perto de você reclamar do clima ou de qualquer outra coisa ou pessoa, discretamente se afaste. Não tente convencer ninguém do contrário ou daquilo que você acha que é melhor. O seu papel não é o de doutrinar os outros. O importante é a sua comunicação interna, lembra-se? ComunicaSendo: os seus limites estão na linguagem que você utiliza especialmente com você mesmo.

Desse modo, apenas pense, conforme no exemplo, como é bom não ter que conviver com o cheiro de mofo nos armários, como o cabelo seca facilmente depois de lavado, como é mais fácil lidar com as atividades e os trabalhos das crianças pequenas em clima quente, como as roupas secam facilmente no varal, como a alimentação pode ser leve e mais saudável, como é lindo o dia ensolarado e, o melhor de tudo, como as pessoas acompanham o humor do clima e são amigáveis, festeiras e alegres. Enfim, o calor é grande, mas a vida aqui pode ser leve e divertida!

Experimente fazer esse raciocínio nas situações irremediáveis que você enxerga. Assuma uma postura diferente.

3. O MEDO

Quanto ao princípio do medo, esteja ele relacionado a qualquer área da sua existência, o antídoto perfeito reside no movimento, pois o medo nos paralisa, nos faz fugir do problema e, algumas vezes, nos faz dizer o que não deveríamos e sustentar teses horríveis. Eu mesma já vivi isso e aposto que você também.

Certa vez me envolvi em um conflito, uma discussão em uma empresa em que eu trabalhava. Foi um momento muito difícil para mim, pois me senti muito mal. Falei uma porção de bobagens que não deveria ter falado. No dia seguinte, inevitavelmente, veio aquela ressaca de arrependimentos e de culpa.

No primeiro momento, pensei estar sentindo uma raiva enorme. Conforme os dias foram passando, entendi que o que eu estava sentindo era medo. Eu não conseguia sair daquele círculo, meus pensamentos eram os mesmos e eu só queria sair daquele emprego e ficar bem longe.

Depois que me dei conta dessa emoção, coloquei-me em movimento reconstruindo aquele acontecido, observando as informações que me foram dadas como *feedback*. Assim, com o tempo, aquela experiência dolorosa passou a ser uma pista do que eu deveria mudar em mim e, em vez de negar e de me achar injustiçada, segui em frente, mesmo com dores, mágoas e ainda com muito medo da vida.

Durante um período, fui tomada pela sensação avassaladora de temor das mais variadas ordens, de perder o emprego, de estar desatualizada para o mercado de trabalho, do futuro, de ser velha, de não conseguir pagar as minhas contas. Enfim, fiquei enfraquecida, sem saber o que fazer. Levou um tempo para que eu pudesse realizar o que estava acontecendo comigo, e até para perceber que andava em círculos.

Mesmo sentindo-me congelada em um ciclo de perguntas sem respostas, trouxe para a minha consciência que nada do que nos acontece é em vão. Mudei meus diálogos internos e comecei a perguntar-me para que aquilo tudo servia. Aos poucos, as respostas foram chegando, em uma leitura aqui e acolá, nas palavras de algumas pessoas com quem conversei e, no desenrolar dos acontecimentos, o labirinto em que eu estava começou a ter caminhos para a saída.

Venci essa etapa por meio do movimento. Busquei minhas conexões internas, revi meus objetivos e projetos de vida. Senti minha confiança voltar e reconheci minha trajetória como um caminho de conquistas. Passei a pensar, gostar e a me respeitar mais. Saí da posição de coitadisse como se eu fosse vítima dos acontecimentos chatos. Estabeleci limites para mim mesma e para os outros. Assumi a responsabilidade sobre o meu bem-estar, a minha felicidade.

Entendi que, algumas vezes, o silêncio é a melhor resposta, sem ser omisso e sem fugir, apenas silenciar de forma significativa. Sou grata à discussão que um dia achei ter sido a pior coisa que poderia ter acontecido comigo, pois foi só depois dela que renasci e que percebi o quanto ainda tenho a aprender e a melhorar. Notei que, embora a comunicação fosse minha especialidade, eu andava me comunicando muito mal, comigo mesma e com os outros.

O movimento na busca pelas respostas conduziu-me para a proa do meu barco. Tornei-me capitã do meu navio, agora, estudo a carta náutica, observo o clima, traço as rotas e olho sempre para o céu. Nunca deixo de agradecer nem o que considero bom, nem o que considero ruim, pois entendo que quanto maior o obstáculo, maior a Luz que está atrás dele. Lamentações e coitadisses não tiram você do lugar da dor, mas o seu movimento sim.

Instrução 5

Agora, que você já teve um tempo para pensar sobre as suas dores, anote-as no quadro a seguir. Transcreva as suas coitadisses de forma clara para você e crie uma frase antídoto para elas. Para facilitar, escrevi apenas três exemplos para que você possa entender a dinâmica.

	COITADISSE	ANTÍDOTO
1	Ninguém faz o que precisa ser feito.	Eu posso fazer somente a minha parte.
2	Eu não posso confiar em ninguém.	A minha autoconfiança é suficiente.
3	Eles não gostam de mim.	Eu tenho talentos e defeitos, gosto de mim como sou, mas posso ser melhor ainda.
4	Acho que elas não confiam em mim.	
5	Estou sempre me dando mal nos relacionamentos.	
6	Eu não sou capaz, eu não sei o suficiente.	
7	Eu não aguento mais.	
8	Não tenho tempo e nem dinheiro para realizar o que eu quero.	
9	Não adianta, nada vai acontecer, eu já sei.	
10	Sempre que VOU lá, coisas chatas acontecem.	
11	Não vai dar certo, tenho certeza.	
12	Isso é impossível.	
13	Eu não posso mais reprovar nesse teste.	
14	Sinto-me muito sozinho.	
15	Não posso querer demais.	

Depois de conhecer e de formular o seu antídoto, é preciso que você o mantenha sempre à mão. Procure identificar quais são os seus gatilhos, as situações que provocam a vitimização.

Então, escreva e repita todas as vezes que você sentir que seja necessário. Aplique o antídoto a outras frases de coitadisses que você costuma pensar e dizer. Entenda que, ao utilizar os antídotos, você criará para o seu cérebro novos caminhos a serem percorridos, mas devo avisá-lo que isso demora um certo tempo. Para que os antídotos sejam considerados como definitivos, ou seja, como uma nova forma de agir e de pensar, é necessário que você os leia diariamente por vários dias, até que sinta que diante de uma situação que provoca a sua coitadisse, você reage automaticamente com base no seu antídoto.

Assim que se sentir no comando da situação, ofereça-se uma recompensa por ter se posicionado de maneira diferente.

CAPÍTULO 6

Viver sem coitadisse é

...saber que o seu sofrimento não muda o outro.

...aceitar e respeitar as pessoas como elas são.

...não querer salvar o mundo.

...ser consciente de que somente
você pode ser transformado.

...reagir com pensamentos de amor, união, compaixão,
inclusão e aceitação.

...não aceitar o lixo dos outros.

...não tentar convencer ninguém sobre as suas verdades.

...quando sentir medo, colocar-se em movimento.

...investir na prática diária das novas formas de pensar.

CAPÍTULO 7
EU TENHO POSTURAS CONSTRUTIVAS

1. UM OLHAR

Deixar de se sentir na posição de quem sofre as consequências de viver em um mundo cruel com pessoas hostis é uma escolha. Quando passamos a enxergar outras formas de lidar com as situações desconfortáveis que nos incomodam, caminhamos para a autonomia.

Para diagnosticar como anda a sua postura diante da vida, basta que você olhe para os seus resultados. Observe se sua visão sobre você mesmo é construtiva, se você consegue reconhecer e se satisfazer com as suas vitórias, ou se tem a sensação de que não há reconhecimento pelo que você já fez e ainda faz. Observe também como estão os seus relacionamentos em casa, na família, com seu par amoroso, seus vizinhos, as pessoas que você encontra todos os dias no ônibus, no Uber, nos corredores da empresa em que você trabalha, no seu local específico de trabalho.

Observe também como é a sua postura em relação aos acontecimentos universais, como você vê os resultados da sua ação como ser humano integrante deste planeta neste momento particular. Veja se você se sente responsável pelas mazelas e pelos sofrimentos, ou se acha que cuidar de você mesmo é suficiente para impactar de maneira positiva no mundo.

Nós somos como ímãs para atrair afins, nos ligamos a pessoas e eventos que partilham, de alguma maneira, das mesmas ideias. Lembre-se, desde a sua infância, e, especialmente na adolescência, procuramos a "nossa turma" e passamos, inclusive, a nos identificar pela roupa que vestimos, pelas expressões que usamos, pela comida e pela bebida que gostamos. Encontramos identidade de pensamento e de ação e, assim, nos comunicamos com o mundo por meio de nossas escolhas de modelos de roupas, cores, palavras específicas, de lugares para frequentar, estudar e trabalhar. Olhe para as pessoas com quem você se relaciona, elas reclamam mais ou são mais positivas em relação aos acontecimentos da vida?

Fazer essa breve análise pode mostrar como você está se colocando no mundo. Lembre-se que você ComunicaSendo! E, consequentemente, recebe as respostas, influências, pela sua postura diante dos acontecimentos. Talvez isso possa explicar para você por que você se sente à deriva, dentro de um navio, em um grande oceano, sem saber se haverá tempestades e sem ideia do rumo que irá tomar. Viver na coitadisse é estar nesse navio, se sentindo assim e conseguir somente se lamentar.

2. O QUE PARECE, O QUE É

Certa vez, tive como colega de trabalho uma pessoa que aparentemente não tinha grandes preocupações na vida. A impressão que tínhamos, ao saber um pouco sobre a vida dela, era que o trabalho representava apenas uma distração, como os salários que a empresa na qual trabalhávamos pagava eram bons, ela se sentia estimulada a levantar cedo e pegar no batente todos os dias e seus resultados, em termos de qualidade, eram ótimos.

Ela era, como se diz popularmente, bem casada. O marido era empresário, morava em uma casa belíssima em um dos melhores bairros da cidade, tinha filhos saudáveis e estudiosos, tinha carro importado, era aparentemente uma pessoa de muita fé, possuía acesso a boas escolas, praticava exercícios físicos, desfrutava de uma alimentação saudável e podia ser considerada com um bom nível cultural. Você deve estar pensando o quanto essa pessoa distribuía alegria por onde passava, não é mesmo?

Mas a realidade não era bem assim. Quero dizer, a sua vida parecia perfeita e ela tinha o que, grosso modo, socialmente considera-se necessário para ser uma pessoa de bem com a vida.

Por mais impressionante que possa parecer, ela era extremamente atacada de coitadisse. Não perdia qualquer oportunidade para reclamar, da temperatura da sala, da cadeira, do computador, dos sistemas, dos colegas, da carga de trabalho, da gestão, do horário, dos chefes etc. Claro, como pessoa bem-educada, não falava de maneira ríspida ou grosseira, mas a sua conversa era quase sempre um choramingo.

Por outro lado, quando ainda era professora da faculdade de Direito, tive um aluno bem jovem, na casa dos 20 e poucos anos, diagnosticado com câncer ósseo desde a adolescência. Sua postura diante da dor e dos desafios da doença tornaram-se inesquecíveis para mim.

Infelizmente, ele não conseguiu terminar o ano escolar com vida, mas o que me chamou a atenção foi que em nenhum momento o vi reclamar de dor ou de desconforto, mesmo depois das quimioterapias avassaladoras. Era possível perceber, pela sua postura corporal levemente arqueada e pela dificuldade discreta de se locomover, que ele não estava bem. No entanto, jamais tentou negociar facilidades quanto a trabalhos, provas e nem mesmo a sua ausência nas aulas, a qual era rara.

Quero dizer que a postura dele, como ser humano, jamais se aproximou da coitadisse. Parecia que a ida à faculdade era um momento de grande prazer, e com essa energia, espalhava compaixão, reflexão e alegria de viver. Será sempre lembrado como pessoa rara que foi pelos colegas e professores.

Estou contando essa história para você perceber que o coitadismo é uma postura existencial escolhida por quem se identifica com ela. Na maioria dos casos que escuto de pessoas em sofrimento, elas se afligem pela ausência dos recursos que a colega descrita acima tinha, amor, família, saúde, dinheiro, trabalho, estudo.

O que quero dizer é que ter uma postura de coitadisse diante da vida independe de condições financeiras, amorosas, familiares e até de saúde, como no caso do meu querido aluno do curso de Direito.

Por isso, em termos de vivência, um dos pontos cruciais a ser trabalhado em cada um de nós é a importância de sermos uma ótima companhia, não somente para os outros, mas, especialmente, para quando estamos a sós conosco mesmos.

Não deixe de refletir diariamente sobre o que você quer ser. Lembre-se que você existe e alinhe-se com a sua missão neste planeta, traga o seu propósito em cada ação que fizer. Não escolha ser inconsciente e ir "deixando a vida te levar". Mesmo que ser o piloto da sua Ferrari requeira esforço, estudo, trabalho e muita auto-observação. Aceite ser a estrela do seu *show*.

Há ainda uma outra postura que está relacionada ao uso da inteligência. Um dos grandes fatores capazes de tirar qualquer ser humano do jogo da coitadisse é a congruência. Quando, no indivíduo, há a percepção, a consciência do objetivo maior, desponta, concomitantemente, a avaliação sobre as atitudes e a convergência com o discurso.

Somente para exemplificar, penso que você já deve ter encontrado pessoas que estudam sobre seu desenvolvimento humano, que conhecem a teoria, o que possibilita que se tornem melhores na sua lida com os dilemas da vida.

Não é difícil perceber que, quando abordadas sobre pontos que são passíveis de mudança em seu próprio comportamento, desfilam todo o seu conhecimento, afinal, estudaram, leram, foram em palestras e, portanto, têm um arquivo vasto.

Contudo os seus resultados não convergem para o encontro da plenitude. É mais ou menos como saber a teoria de cor, mas não ter noção de como aplicar esse conhecimento no momento adequado. E eu já fui assim. E já vivi essa coitadisse.

Apesar de saber teoricamente sobre desenvolvimento de pessoas, toda vez que os eventos fugiam do meu controle eu, deliberadamente, lá estava, novamente, a reclamar da vida e a responsabilizar algo ou alguém pelo resultado indesejado.

Ah! Não tenho tempo! Não tenho dinheiro! Não tenho saúde! Não tenho condições! Já tentei e não consigo! Tudo isso e mais um pouco já foram meus mantras, e aposto que seus também. Porém um dia entendi o que é ter consistência e percebi que é necessário abastecimento diário, foco e energia naquilo que realmente desejo. Somente a persistência e a disciplina são capazes de nos colocar na maré calma e abundante que tanto desejamos.

Veja que tudo o que nos acontece pode ser percebido como catalisador de evolução, sejam os eventos agradáveis ou desagradáveis. É uma questão de ponto de vista. Para cada acontecimento, há, ao menos, uma centena de possibilidades de como lidar com ele, de respostas razoáveis a serem dadas.

No entanto, os dilemas que nos assaltam precisam ser encarados como um convite da vida para que você avance e cresça, busque e aprimore a sua maneira de ser. Por outro lado, ser negativo, reclamar, entregar-se à coitadisse e ir para o fundo da caixa também é uma opção.

Tudo pode ser bom e tudo pode ser ruim. O céu ou o inferno é uma escolha só sua. Quem dá o tom da sua vida e toca a sua música favorita é você. Gosto muito da frase de Henry Ford, na qual ele diz que "se você pensa que pode ou que não pode, de qualquer forma você está certo".

Você, assim como eu, já deve ter encontrado na vida algumas pessoas mal-humoradas, não é mesmo? Você consegue se lembrar do que essas pessoas causam nos ambientes? Isso! Nada precisa ser dito, o ar fica pesado, o ambiente fica tenso. Há ainda aquelas que sorriem por fora, mas dá para perceber que o sorriso é amarelo.

Viver em sociedade é uma necessidade, mas também é o lugar das provas que precisamos passar para sermos lapidados. Costumo dizer que é como se fôssemos pequenas pedras preciosas dentro de um saquinho, e que é no balanço deste recipiente que nos esbarramos e que sofremos os atritos. Assim, em vez de reclamar pelos arranhões, é sempre bom lembrar do brilho que pode ser produzido na pedrinha em razão dessa abrasão.

Somos humanos e temos os nossos momentos. Cada um tem as suas razões. Gosto de uma música do Matt Simons (*Catch and release*) que afirma, em seu refrão que "todo mundo tem sua razão, todo mundo tem seu caminho". Desse modo, um dos belos pactos a se fazer é não levar tudo para o lado pessoal.

Quando precisar conviver com pessoas que considera difíceis, daquelas que agridem gratuitamente, lembre-se de que você não é o centro do Universo e que aquela pessoa tem seus próprios dilemas e batalhas. Basta que você observe e deixe com ela o que é dela, seja lá o que for.

Saiba que o sorriso, a partir de uma postura saudável, transparece a satisfação interna. Quando não vem de dentro, ou seja, não é genuíno, o clima denuncia, o intangível fica palpável.

Estar em estado de graça e ter entusiasmo pela vida é algo a ser construído dia após dia. Por isso, você precisa começar, de alguma forma, a assumir a parte que lhe cabe. Existem ações muito simples que, por si só, são promotoras de bem-estar.

A entrega de atenção, gentileza, conhecimento, luz, parceria, cooperação, escuta, é uma ação singela e que promove bem-estar. Quando você experimenta alguma dessas práticas, a existência passa a ser construtiva e há a geração de impactos positivos pelos lugares onde se passa.

Portanto, abra o seu bauzinho de leveza, amor e alegria e comece a distribuí-los, mas não esqueça que obrigatoriamente há de ser sem arrogância ou desrespeito com o sentimento dos outros. Observe que para demonstrar alegria, não precisa falar alto, nem rir em situações tristes. Aprenda a impactar sem fazer barulho, seja leve.

Um dia, uma pessoa que amo muito foi acometida por uma grave doença. Fiquei triste e assisti a todo o sofrimento dela. Comecei, então, a observar a postura dela diante da realidade. Foi muito engraçado quando lembrei-lhe de seu percurso de vida, dos estudos, dos conhecimentos, das experiências fantásticas e únicas que ela colecionava. E não eram poucas! Entre elas, várias aprovações em diferentes cursos em universidades públicas, domínio e fluência de três idiomas, conquista, de maneira honrada com trabalho e lealdade, de cidadania estrangeira, conhecimento de vários países, de pessoas e culturas das mais variadas partes do mundo.

Uma mala cheia de experiências interessantes para contar.

No decorrer da conversa, notamos juntas que ela nunca havia comemorado as suas vitórias. Nem gostava de falar sobre tudo que já havia experimentado. Nem eu, nem ela, conseguimos explicar a razão dessa atitude, mas sabemos que honrar as conquistas, por menores que sejam e por mais insignificantes que possam nos parecer, é assumir o protagonismo de suas aventuras.

Saliento que celebrar os triunfos não quer dizer que é preciso sair contando para todo mundo, nem fazer grandes festas. O reconhecimento verdadeiro, aquele que importa, não é externo, é interno. É esse que mantém o sistema imunológico bem e preparado, e que pode evitar o acometimento de doenças físicas e emocionais.

Somos compostos por histórias, forças e fraquezas e quando se alcança internamente a gratidão e a honra de ser o que é, as opiniões lá fora configuram um espaço de menor importância.

Consequentemente, as coitadisses diminuem, pois não há mais a espera de que a apreciação venha do outro, eu a tenho em mim, já me sinto bem-aventurado. Isso funciona como um tesouro guardado que brilha todas as vezes que se pensa nele.

É importante ter clareza de que somos atores sociais, e, como tal, desempenhamos papéis variados, filho(a), marido/esposa, namorado(a), líder/liderado, professor(a)/aluno(a), vizinho(a), amigo(a) etc., conhecer e reconhecer as suas próprias competências em cada um deles é imprescindível.

Somente a partir desse ponto é que se pode evoluir e começar a aprimorá-las sem ter a ilusão de que o sofrimento que me advém, por circunstâncias sobre as quais não tenho comando, é gigantesco diante da minha existência e que eu sou impotente para vencê-lo.

A síndrome da coitadisse se instala quando assumo, em razão de alguma crença, que os revezes acontecem por castigo e que devo me render a eles para expiar algo ruim que um dia pratiquei. Há, inclusive, quem os atribua também a existências passadas. Mais uma vez, ressalto o meu respeito às crenças religiosas de cada um, mas sair dessa zona de vitimização exige um olhar que capacite a travessia pelos momentos árduos de maneira nobre, com aprendizado, evolução e, principalmente, autorresponsabilização. Esperar o tempo passar para que as mágoas sejam "esquecidas" é efetivar um trato com a infelicidade. Não faça isso com você.

A vida é um produto de muito trabalho, mas ela também acontece quando você está no modo automático. Isso significa que ela passa mesmo que você não tenha percebido que poderia ter tomado o timão e comandado o navio. Então, prefira fazer escolhas conscientes, use a sua inteligência para pesar os prós e os contras de cada situação antes de sair respondendo "à altura" e ficando com uma grande ressaca moral no dia seguinte.

Elabore os seus caminhos para conseguir chegar à melhor solução. Assuma a responsabilidade pelos seus confortos e honre cada passo que você deu para que isso acontecesse, mas também assuma os desconfortos com a incumbência que lhe cabe.

Certa vez, quando ainda era professora na faculdade de Direito, realizei, junto a outros professores, um trabalho sobre o *bullying*. A resposta ao tema foi fantástica e emocionante. Os alunos participaram narrando espontaneamente as suas dores. Em cada turma, várias histórias de eventos de *bullying* na escola, envolvendo colegas, professores e até diretores. Também houve relatos de casos dentro da família.

Notei que aquele compartilhamento foi um curativo para que eles pudessem perceber a semelhança de suas dores, pois, de uma maneira menos ou mais traumática, todos nós já sofremos algum tipo de discriminação, tendo em vista que estudos apontam que até quem discrimina o faz por já ter sido vítima. Parece que aquele que não se cura da violência sofrida tende a repeti-la fazendo novas vítimas, em um ciclo que não termina.

Estou falando sobre isso por perceber que este não é apenas um caso de coitadisse, mas uma situação traumática que precisa ser olhada com o cuidado que merece, com o acompanhamento de um profissional. A coitadisse, nesse caso, toma conta quando há a negação em providenciar o tratamento adequado e, então, a pessoa passa a se apoiar em um evento do passado, sob o qual já não tem poder de mudar, para justificar o seu presente de sofrimento.

Conheci uma pessoa que tinha problemas nos seus relacionamentos amorosos. Não conseguia entender o que acontecia com ela. Era estudiosa, comprometida, gentil, apaixonada e fiel. Cuidava de suas ecologias física e espiritual. Entretanto os fracassos no amor se somavam um após o outro. Um dia, depois do último deles, vi que ela estava sofrendo muito e, então, começamos a conversar.

Não foi difícil entender a razão de seus insucessos amorosos quando ela começou a relatar sobre a imagem que tinha de si mesma em relação à aparência física e o quanto isso a fazia sofrer desde seus primeiros anos escolares, pois sofria *bullying* na escola.

A sua comunicação interna sobre si mesma ainda estava lá, no colégio de ensino fundamental, e isso realizava toda a dinâmica da falta de amor-próprio. Assim, sem realizar os seus processos internos de cura, ela seguia na vida colocando a responsabilidade dos acontecimentos sobre os seus pares. Por isso, não encontrou outro caminho senão o de passar a repetir aquelas frases comuns que ouvimos por aí "homem/mulher é tudo igual, só muda o endereço" e, assim, continuar a viver na coitadisse justificadamente.

Costumo rir um pouco dessas desilusões amorosas reiteradas e digo que só falta comprar uma viola e formar uma dupla sertaneja para chorar as mágoas, tendo em vista que o sofredor não percebe que o modo como ele se vê pavimenta o caminho para a decepção amorosa.

Nada contra essa expressão artística, pois cantar também é uma forma de expiar a dor, contudo, quando não se tem essa veia artística, para a partir da dor ficar milionário como cantor, é melhor tratar essa ferida para conseguir enxergá-la de forma diferente e, assim, sair do círculo da autopiedade que apenas reafirma que "ninguém me ama" ou que "ninguém presta".

Lembre-se, você ComunicaSendo! Para ser amado por alguém é preciso primeiro amar a si próprio, sem coitadisses, *please*! A sua postura como ser humano integral, com todas as dores físicas, mentais e emocionais que você possa ter, pode ser diferente a partir de uma reorganização interna, de uma limpeza, da troca dos pensamentos tóxicos pelos construtivos. Não há como prometer que seja fácil, mas há como garantir que é possível. Comprometa-se em regar as boas sementes.

Então sugiro que você faça um exercício que, quando realizado com dedicação e zelo, é capaz de criar a ponte para a vida plena que você quer ter. Vamos utilizar a lei do contraste, pois quando experimento a sensação do que eu não quero, fica mais claro o que quero. Logo, escreva uma lista das coisas que você não quer para sua vida, depois, imediatamente ao lado, escreva as afirmações sobre o que você quer. Olhe os exemplos que fiz para lhe inspirar e abra o seu coração.

NÃO QUERO	QUERO MUITO
Eu não quero me sentir feio.	Eu tenho em mim toda beleza do mundo, eu sou único.
Eu não quero ser rejeitado, humilhado.	Eu sou uma ótima companhia para mim mesmo e para os outros.

Listar e fazer as afirmações daquilo que você quer para você é uma tomada de decisão importante, mas não é tudo. A partir de agora, tome-as para você, pois são as suas verdades. Conecte-se com elas e vá, aos poucos, transformando a sua vida. Preocupe-se e comprometa--se a trazer para a sua rotina, para a sua consciência, as novas ações necessárias para obter os resultados que você deseja para a sua nova vida. Você, capitão do navio.

Entenda que isso não quer dizer que não haverá dificuldades ou recaídas. Mas, você é um ser consciente e capaz de elaborar e de reelaborar sua trajetória como a água do rio que se desvia das pedras e segue seu curso rumo ao oceano.

CAPÍTULO 7

Viver sem coitadisse é

...sair da posição de quem sofre as consequências de viver em um mundo cruel com pessoas hostis.

...descobrir novas maneiras de lidar com situações desconfortáveis.

...reconhecer e se satisfazer com as suas vitórias.

...impactar o mundo de forma positiva e sem fazer barulho.

...deixar de lamentações.

...ter gratidão simplesmente pela vida.

...saber a sua missão e o seu propósito na vida.

...ter atitudes congruentes com o discurso.

...viver o seu conhecimento.

...ser persistente e disciplinado.

...entender que você está certo sobre o que pensa sobre si.

...saber que não é o centro do Universo.

CONCLUSÃO
EU COM MAIS CONSCIÊNCIA

Renascer a cada dia é uma oportunidade que todos têm. Enquanto estivermos vivos, independentemente da idade, há chance de fazer de novo, de uma nova maneira. O tempo ensinou-me que nem tudo que parece horrível a princípio realmente o é, e o oposto também. Dessa forma, parar e respirar faz um grande efeito diante dos desafios. Aprender a ter um olhar e agir diferente não é uma tarefa fácil, mas é possível.

Começar a escutar os diálogos internos, tendo em vista que eles são a semente das ações, traz um empoderamento no sentido de não ser mais um repetidor de crenças, culturas e comportamentos.

Embora seja uma das questões mais complexas para responder, somente quando temos certa clareza para a resposta desta pergunta que inicia todo o processo de desenvolvimento – quem é você? – é que deixamos de ser meros seres viventes para passar a ser conscientes e, por isso, plenos.

Espero que a esta altura da nossa conversa, você já tenha percebido que ter consciência é mais do que saber sobre o tema. É mais também que sair repetindo teorias por aí e dizendo que já sabe. Ter consciência é se dar conta que você pode fazer da sua vida uma jornada de luz cheia de realizações e que isso é uma escolha.

Entretanto atente-se que se sentar na cadeira de comando é uma grande responsabilidade que, embora muitos queiram, poucos têm a coragem de assumir, pois a tarefa é espinhosa e exige a saída da zona de conforto.

A maioria prefere mesmo assistir à jornada do navio sendo levado pelas ondas e pelo vento e está tudo certo se essa for a sua decisão. O objetivo deste escrito é mostrar que existe uma outra possibilidade, e que, se você se comprometer em abraçá-la, seus dias podem ser memoráveis.

No momento em que escrevo este livro, vivemos a segunda onda da pandemia da Covid-19. Muitas pessoas foram embora. A maioria por causa do vírus, mas muitos outros por outras doenças e acidentes. Isso expõe o momento sombrio pelo qual a humanidade passa. Todavia, ainda assim, há quem perceba as oportunidades, aprenda as lições e sinta os efeitos positivos deste evento.

Um deles é poder constatar que é hora de ser mais Luz que sombra, de aproveitar os milagres de cada dia que nos são ofertados gratuitamente, tal como as batidas do nosso coração, que funciona sem que precisemos empreender qualquer esforço, o ar que respiramos e que nos traz à vida e a sistematização da natureza que, metodicamente, organiza o dia e a noite, a chuva e o sol, o frio e o calor.

A percepção da finitude jamais esteve tão próxima de nós como neste momento. Por isso, ser sobrevivente significa que o seu jogo não acabou e que você pode escolher ser vitorioso sobre si mesmo e, para isso, viver no aqui e agora, conhecer-se, desenvolver-se e tornar-se um ser mais iluminado, feliz e leve. Alerte-se de que é uma chance exclusiva sua, não a deixe passar.

Por isso, escolha ser a estrela que brilha. Você vai ter algum trabalho no início, mas, com o tempo, você irá notar o quanto gerenciar os pensamentos – seus diálogos internos, entender as emoções e os sentimentos, e saber lidar com eles pode provocar atitudes engrandecedoras. Ser feliz passa a ser automático. Parece milagre, né? Vou contar um segredo: é milagre!

Ofereço a você a minha gratidão por ter ouvido a minha voz e por ter me permitido acessar suas conversas mais secretas. Independentemente do que você decida fazer, lembre-se de que você ComunicaSendo!

> "Eu sou o mestre do meu destino,
> eu sou o comandante da minha alma."
>
> **William Ernest Henley**

AGRADECIMENTOS

Como acadêmica e como professora, já vivi a experiência de escrever artigos e um capítulo de livro. Escrever um livro era um sonho acalentado por vários anos. Leitora assídua que sou, sempre achei que não estava pronta, diante da qualidade dos pensamentos organizados dos meus autores preferidos.

Mas, graças a Deus, a vida é dinâmica e o que precisa ser feito é uma tarefa exclusiva que, enquanto não acontece, não se encontra sossego. Foi assim com este livro. Vivi por anos sem dar ouvidos à minha voz interna que me empurrava para a criação, por várias razões.

Somente quando percebi a minha coitadisse é que consegui sentar e começar a escrever, magicamente consegui tempo e criatividade.

Mas, acima de tudo, somente quando entendi o meu propósito é que soube o que precisava compartilhar. Estava cheia de conteúdo para transbordar.

Agradeço imensamente, e também dedico essa obra, a todos aqueles que foram meus alunos e alunas, desde os meus 18 anos, quando comecei a dar aulas de inglês. Não acredito em acasos e, por essa razão, estou certa de que nosso encontro, em qualquer época que tenha sido, foi providencial. Com a vida, descobri que o lugar do aprendiz é sagrado, por isso permaneço nele, e, como professora, aprendi muito com cada um de vocês.

Agradeço ainda a todos que acreditaram em mim quando compartilharam comigo as suas angústias, pois me proporcionaram muito mais conhecimento do que possam imaginar.

Sou muito grata aos grandes mestres que me ensinaram e inspiraram. Alguns deles estão elencados nas referências bibliográficas a seguir.

AGRADECIMENTOS

Sinto gratidão pela minha chefe, Conselheira Substituta Jaqueline Jacobsen, por confiar no meu trabalho de revisão e de produção de textos e, dessa forma, contribuir para o aprimoramento do meu saber e da entrega dos meus produtos.

Gratidão gigante ao meu amado Guto Zanata, pelo seu amor, apoio e incentivo irrestrito às minhas ideias. Aos meus queridos filhos: Jales, Ícaro e João Eduardo, por serem capazes de, com suas existências e idiossincrasias, impulsionar-me na busca pelo aprimoramento como ser humano.

À minha mãe, Geni Hornick, por sua presença e força constante, mesmo sem entender direito o que eu andava fazendo nas minhas escassas horas vagas. Ao meu pai, Eduardo Hornick, pelos valores que me ensinou durante sua vida aqui na Terra. À minha irmã Rosangela Hornick por conduzir-me à busca pelo meu autoconhecimento.

Sou grata aos meus antepassados por suas lutas e ensinamentos disponibilizados, os quais, de uma maneira ou outra, permeiam o texto deste livro.

Meu maior agradecimento é ao Criador, por me inspirar e permitir estar aqui, neste lugar, neste momento e com esses talentos para compartilhar.

REFERÊNCIAS BIBLIOGRÁFICAS

ABATE, Fátima; DI STEFANO, Randhy. *Manual Quantum Evolution: Life Coaching I*. São Paulo: ICI, 2020.

BERNE, Eric. *Os jogos da vida: e a análise transacional nas relações entre as pessoas*. Rio de Janeiro: Artenova, 1974.

DUHIGG, Charles. *O poder do hábito: por que fazemos o que fazemos na vida e nos negócios*. Rio de Janeiro: Objetiva, 2012.

HELLINGER, Bert. *O amor do espírito*. 3. ed. Belo Horizonte: Atman, 2015.

STEINER, Claude; PERRY, Paul. *Educação emocional: um programa personalizado para desenvolver sua inteligência emocional*. Rio de Janeiro: Objetiva, 2001.

URY, William. *Como chegar ao sim com você mesmo*. Rio de Janeiro: Sextante, 2015.

WEIL, Pierre. *A arte de viver a vida*. Rio de Janeiro: Vozes, 2017.

SOBRE A AUTORA

Carmen Hornick é Mestre em Estudos de Linguagem (UFMT); Licenciada em Letras Português/Inglês e suas respectivas Literaturas (UNEMAT); Bacharel em Direito (UNIC); Advogada 16256 OAB/MT. Pós-graduada em Linguística Aplicada (UFMT); MBA em Direito do Trabalho (Faculdade Pitágoras); Pós-graduada em Direito: Administração Pública e Controle Externo (FGV). *Personal and Executive Coach* (ICI - Integrating Coaching Institute).

Pós-graduada em Direito Sistêmico (Faculdade Innovare/Hellinger Schule); Certificada no MPP Training and Certification Program pelo (Human Being Institute); Certificada no Curso de Introdução à Análise Transacional (União Nacional de Analistas Transacionais do Brasil). Foi professora de ensino fundamental, médio e superior. Neste último nível, atuou nos cursos de graduação de Letras (UFMT), Direito e Administração de Empresas (UNIC/FGV) e no curso de Pós-graduação em Liderança e Coaching (UNIC). É membro da Comissão de Direito Sistêmico da OAB/MT e colaboradora no projeto Aprender Sistêmico.

CONTATOS DA AUTORA:

- carmen_hornick@hotmail.com
- carmen_hornick
- carmen hornick